Mareike Pfister

Materialien und Kopiervorlagen
zur Klassenlektüre

Benjamin Krull

Hugo auf großer Jagd

Kopierhinweis

Die unterschiedlich gefärbten Silben werden mit folgender Kopiereinstellung am besten lesbar:
– Kopiereinstellung „gedrucktes Foto“ wählen, falls vorhanden, oder
– Bildhelligkeit vor dem Kopieren etwas verringern.

Hase und Igel®

Inhalt

Sonderausgabe zur Lektüre mit Silbenhilfe

Bildnachweis:
© iStockphoto – kathykonkle: Seite 7 und 23
© mauritius images – Julian Cremona/Alamy: Seite 24

www.hase-und-igel.de
Lektorat: Patrik Eis
Illustrationen: Wolfgang Slawski und
Hendrik Kranenberg (Seite 25)
Satz: Appel Grafik München GmbH

ISBN 978-3-86316-121-7

Das Buch

Erst Hausaufgaben, dann zum Fußball! Das war Hugos Plan. Doch plötzlich taucht eine kleine Mücke in seinem Zimmer auf und bringt alles durcheinander: Hugo bekommt sie einfach nicht zu fassen und ein ausgewachsener Wutanfall lenkt ihn von seinem schönen Vorhaben ab. Das Zimmer versinkt im Chaos. Diese blöde Mücke muss doch zu fangen sein … Erst als Hugos Mutter vor lauter Unordnung das Zimmer nicht mehr betreten kann und sie ihren Sohn daraufhin auf dem Handy anruft, kommt er zur Besinnung. Er hatte doch einen Plan! Ob Hugo aus einer Mücke einen Elefanten gemacht hat?

Sicher kennen auch Ihre Schüler diese Situation: Es reicht eine Kleinigkeit, etwas, das anders läuft als geplant, schon steigt die Wut auf, im Bauch brodelt es und die Gefühle machen mit einem, was sie wollen. Kinder in der ersten und zweiten Klasse sind zwar aus der eigentlichen Autonomiephase heraus, sie erleben aber durchaus noch Momente, in denen sie ihre Wut nur mühsam oder gar nicht mehr kontrollieren können. So stellen sich immer wieder Fragen wie diese: Wie komme ich aus meiner Wut heraus? Wie schaffe ich es, auf meine Gefühle angemessen zu reagieren? Das will gelernt sein und ist ein langwieriger Prozess. Hugos leicht nachvollziehbares, humorvoll erzähltes Erlebnis mit dem kleinen Plagegeist bietet eine kindgerechte und spannende Möglichkeit, die Kinder dabei zu unterstützen.

Das Buch eignet sich ideal für den Einsatz in heterogenen Lerngruppen und für altersgemischte Klassen: Mit den Gedanken der Mücke hält es einfach strukturierte Passagen bereit, die in besonders lesefreundlicher Schrift gehalten sind. Denkblasen separieren diese vom restlichen Text und sind so leicht zu erkennen. Leseschwächere Kinder können sich – nach dem Einleitungstext von Seite 5 – auf diese Abschnitte beschränken. In Kombination mit den liebevollen Illustrationen erleben sie die Geschichte aus der unterhaltsamen Sicht der Mücke. Lesestarke Schüler lesen die gesamte Lektüre und berichten über die Ereignisse aus Hugos Perspektive. Der gemeinsame Austausch über das Gelesene macht neugierig und animiert auch Lesemuffel, sich an den gesamten Text heranzuwagen.

Eine zusätzliche Lesehilfe stellt für viele Schüler die farbige Hervorhebung der einzelnen Silben dar. So werden insbesondere unbekannte Wörter auf Anhieb in der korrekten Silbierung gelesen und der Sinn des Textes erschließt sich einfacher und schneller.

Das Material

Das Material zur Lektüre unterstützt Sie dabei, den Unterricht rund um die Geschichte abwechslungsreich und spannend zu gestalten. Im ersten Teil des Heftes (bis Seite 15) finden Sie Anregungen, Tipps und Erläuterungen zu den Kopiervorlagen im hinteren Teil. Auch weiterführende Hinweise, kreative Unterrichtsideen und umfassende Hintergrundinformationen fehlen nicht.

Die unmittelbar einsetzbaren Kopiervorlagen (KV, ab Seite 16) garantieren eine unkomplizierte Unterrichtsgestaltung. Sie eignen sich zur Einzel- oder Gruppenarbeit. Freiarbeitsphasen können damit ebenfalls umgesetzt werden, denn die Arbeitsaufträge sind so konzipiert, dass sie selbstständig von Ihren Schülern erschlossen und bearbeitet werden können.

Zu jedem Abschnitt des Buches finden Sie Kopiervorlagen, die das sinnentnehmende Lesen trainieren und die Textkenntnis sichern und prüfen. Auch werden fächerübergreifende Bezüge zum Kunstunterricht (z.B. „Wutkunst“, Seite 31) und zum Sachunterricht (z.B. „Eine Mücke!“, Seite 23, und „Insekten“, Seite 25) hergestellt. Darüber hinaus liefert das Material Angebote zum kreativen Umgang mit Sprache („Aliens“, Seite 19, und „Mein Wutgedicht“, Seite 32) sowie spielerische Elemente („Konzentration, bitte!“, Seite 18, und „Mückenjagd“, Seite 46 bis 48). Ein zentraler Anknüpfungspunkt ist dabei immer wieder das Thema „Umgang mit Wut“, das die Kinder die gesamte Lektüre über begleitet.

Arbeitsblätter mit unterschiedlichen Niveaustufen (A und B) erleichtern Ihnen die Differenzierung. Blätter mit dem Buchstaben B sind für Schüler, die die ganze Lektüre lesen, solche mit dem Buchstaben A für diejenigen, die sich auf die Denkblasen konzentrieren und noch viel mit dem Prozess des Lesenlernens beschäftigt sind.

Mithilfe der Symbolleiste in der Kopfzeile der Kopiervorlagen können Sie auf einen Blick sehen, welche Schüleraktivitäten hier im Vordergrund stehen:

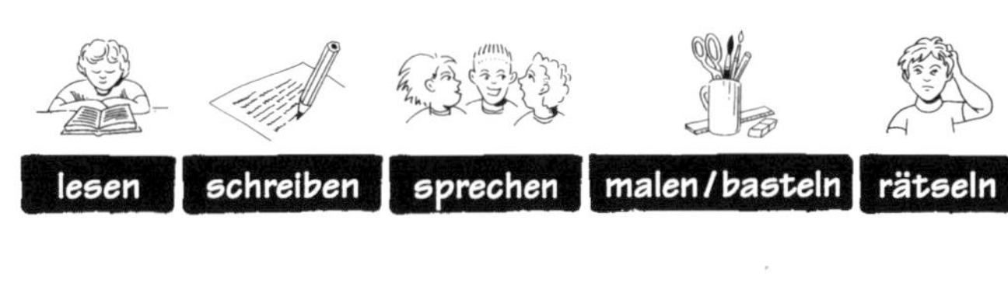

Einführung des Buches

Besorgen Sie sich das Geräusch einer summenden Mücke als Audio-Datei auf einem USB-Stick oder spielen Sie es aus dem Internet ab. (Das Geräusch finden Sie, wenn Sie in einer Suchmaschine „Mücke" und „sound" oder „audio" eingeben.) Tun Sie dies zunächst kommentarlos und vielleicht sogar ganz unvermittelt, während die Kinder über einer anderen Aufgabe sitzen. Sicher wird die Klasse bald innehalten und verdutzt die Ohren spitzen: Was summt denn da? Schnell wird klar sein, dass es sich um das Summen einer Mücke handelt.

Kündigen Sie dann an, dass Sie gemeinsam ein Buch lesen werden, in dem ein Junge plötzlich auch solch ein Summen hört und feststellt, dass eine Stechmücke in seinem Zimmer herumfliegt. Überlegen Sie im Klassengespräch, was der Junge wohl tun wird und was das Ziel der Mücke ist. Worum könnte es in dem Buch gehen?

Teilen Sie die Lektüre aus und lassen Sie die Schüler das Cover betrachten. Stimmen die Vermutungen? Verrät das Bild mehr über die Handlung? Los geht's!

Der Junge kann sich gar nicht richtig konzentrieren.
- Kannst du dich immer gut auf deine Hausaufgaben konzentrieren? Was hilft dir dabei?
- Stört dich auch manchmal etwas, wenn du an deinen Aufgaben sitzt? Erzähle.

Aliens und ein Plan
Seite 5 bis 11

Inhalt

Hugo kommt mit einem Plan von der Schule nach Hause: Erst will er die Hausaufgaben erledigen und dann gleich los zum Fußballspielen. Als er mit den Aufgaben anfängt, hört er ein Summen. Zunächst denkt Hugo, dass sich Aliens in seinem Zimmer befinden. Doch dann entdeckt er eine Mücke an der Wand. Stechen lassen will Hugo sich nicht. Die Mücke freut sich, als der Junge näher kommt.

Gesprächs- und Schreibanlässe

Hugo wirft den Schulranzen auf sein Bett.
- Hast du einen Platz für deinen Schulranzen, wenn du nach Hause kommst?
- Wo bewahrst du deine Schulsachen zu Hause auf?

Hugo will zu Hause sofort seine Hausaufgaben machen.
- Wann erledigst du deine Hausaufgaben? Gleich, wenn du von der Schule kommst? Was machst du vorher?
- In welchem Fach machst du am liebsten Hausaufgaben?

Hugo denkt zunächst, dass sich Aliens in seinem Zimmer verstecken. Er hat viel Fantasie.
- Hast du auch Fantasie und denkst dir Sachen aus? Was für Sachen? Wann machst du das?
- Was könnte sich noch in Hugos Zimmer verstecken, das so summt? Denke dir etwas aus.

Hinweise zu den Kopiervorlagen

Hugo hat einen Plan
Lesen Sie Seite 5, die in besonders lesefreundlicher Schrift gesetzt ist, mit der ganzen Klasse. So starten alle mit demselben Kenntnisstand. Die Kopiervorlage prüft und festigt anschließend die Textkenntnis. Indem die Kinder in der ersten Aufgabe die Sätze in die richtige Reihenfolge bringen, setzen sie sich gleichzeitig mit dem korrekten Satzbau auseinander. Das Lösungswort der zweiten Aufgabe ermöglicht die Selbstkontrolle.

Lösung
Aufgabe 1:
1. Hugo kommt in sein Zimmer und wirft den Schulranzen auf das Bett.
2. Er zieht seine Jacke aus und nimmt das Matheheft aus dem Ranzen.

3. Er setzt sich an den Schreibtisch.
4. Jetzt noch schnell Hausaufgaben machen und dann zum Fußball!

Aufgabe 2:

⑤ an den Schreibtisch setzen **A**
① ins Zimmer kommen **P**
③ Jacke ausziehen **I**
② den Schulranzen aufs Bett werfen **R**
④ Matheheft nehmen **M**

Lösungswort: PRIMA!

KV Seite 17

Eine Umfrage

Zum Einstieg finden Sie hier ein Arbeitsblatt, das einen Bezug zur Lebenswirklichkeit der Kinder herstellt. So wird die Identifikation mit dem Protagonisten Hugo unterstützt. Zudem bietet das Blatt einen ersten Zugang zum Themenkreis „Schaubilder und Grafen“. Die Schüler sammeln mithilfe einer Umfrage Daten zu ihrem Freizeitverhalten und vergleichen diese in einem einfachen Säulendiagramm. Sie erkennen, wie ein solches Diagramm aufgebaut ist und wie es dabei helfen kann, Zahlen und Fakten auf einen Blick zu erfassen.

Besprechen Sie das Ergebnis am Ende gemeinsam: Lässt sich ein Trend in der Klasse erkennen? Gibt es viele Bewegungsmuffel, die lieber drinnen sitzen, als draußen mit anderen zu spielen oder Sport zu treiben? Daran können Sie anknüpfen: Thematisieren Sie, wie wichtig ein ausgewogenes Freizeitverhalten ist. Fragen Sie die Kinder, was sie draußen in ihrer Umgebung aktiv erleben können, und erklären Sie den in den Lehrplänen verankerten Zusammenhang zwischen Bewegung, Wohlbefinden und Gesundheit.

Weiterführende Anregung

Wenn die Kinder Freude am Erstellen solcher Schaubilder haben, können Sie weitere Umfragen starten und zum Beispiel fragen: Welchen Sportarten gehen die Schüler der Klasse nach? Was spielen sie am liebsten, wenn sie drinnen sind?

Konzentration, bitte! (A)

Die beiden Rätsel auf der Kopiervorlage knüpfen daran an, dass Hugo sich nur schwer auf seine Matheaufgaben konzentrieren kann und schnell durch die Mücke abgelenkt wird. Aufgaben wie die auf dem Arbeitsblatt helfen dabei, konzentriert zu bleiben und sorgfältig zu arbeiten. Gleichzeitig machen sie den meisten Kindern viel Spaß.

Das erste Rätsel wird mithilfe der bekannten Sudoku-Regeln gelöst, doch statt der typischen Zahlen müssen zentrale Begriffe aus dem Buch richtig eingesetzt werden.

Lösung

Aufgabe 1:

Mücke	Hugo	Fußball	Jagd
Fußball	Jagd	Mücke	Hugo
Hugo	Mücke	Jagd	Fußball
Jagd	Fußball	Hugo	Mücke

Aufgabe 2:

Hier sind insgesamt 17 Mücken zu sehen.

KV Seite 19

Aliens (B)

„Aliens“ sind für viele Kinder ein spannendes Thema. Fragen Sie vor der Bearbeitung der Kopiervorlage, wer weiß, was Aliens sind, und klären Sie die englische Aussprache. Vielleicht kann der ein oder andere aus der Klasse sogar Geschichten dazu erzählen. Stellen Sie aber auch klar, dass es bislang keinerlei Beweise für außerirdisches Leben gibt. Anschließend lesen die Schüler den erklärenden Text auf dem Arbeitsblatt.

In der zweiten Aufgabe können die Kinder ihrer Fantasie freien Lauf lassen und ein Alien nach ihren Vorstellungen malen. Das Erfinden einer eigenen Sprache des Außerirdischen regt dazu an, über sprachliche Strukturen nachzudenken.

KV Seite 20

Warum stechen Mücken?

Schnell ist Hugo klar, was die Mücke von ihm will: sein Blut. Jedes Kind kennt Stechmücken und wohl jeder hatte schon einmal das zweifelhafte Vergnügen eines juckenden Insektenstichs. Doch wissen die Schüler auch, warum die Mücken eigentlich stechen? Denn mit Durst hat das Blutsaugen weniger zu tun. Mithilfe des Arbeitsblatts kommen die Kinder der Antwort auf die Spur und erkunden gleichzeitig den Lebenskreis einer Mücke.

Übrigens juckt ein Mückenstich, weil die Mücke ein Sekret injiziert, das die Blutgerinnung verhindert. Das Jucken ist eine allergische Reaktion der Haut.

Lösung
Aufgabe 1:

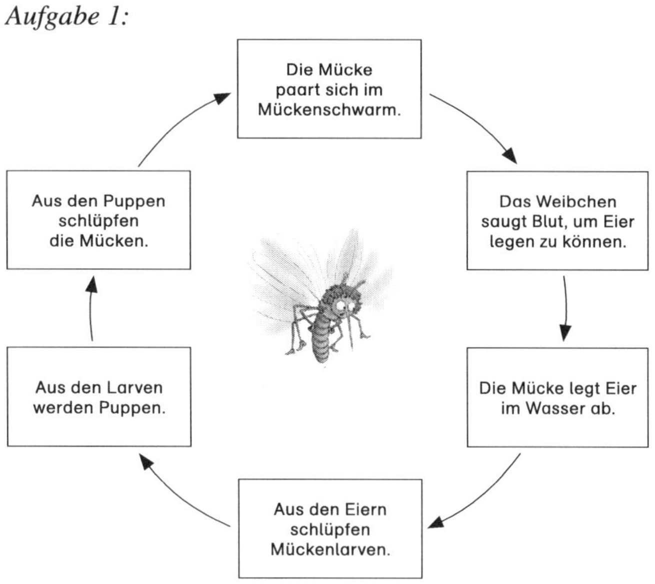

Aufgabe 2:
Die Mücke sticht, um Blut zu saugen.
Das Blut braucht sie, damit sie Eier legen kann.

KV Seite 21

Was summt denn da?

Es ist vor allem das summende Geräusch, das Hugo stört. Bestimmt kennen die Kinder das auch. Auf dem Arbeitsblatt lesen sie, was es mit dem Summen auf sich hat, und beschäftigen sich mit unterschiedlichen Tiergeräuschen. Dass Tiere ihre Sprache nicht benutzen, um sich wie wir Menschen zum Beispiel fürs Kino zu verabreden, ist den Schülern klar. Doch wofür brauchen sie ihre Laute? Es ist nicht ganz leicht, diese Überlegungen anzustellen. Helfen Sie den Kindern bei der Bearbeitung der dritten Aufgabe und lenken Sie das Gespräch.

Lösung
Aufgabe 1:
z. B. Bienen, Fliegen, Hummeln

Aufgabe 2:
1. Die Mücke ~~quakt~~ summt an Hugos Ohr.
2. Der Frosch ~~summt~~ quakt am Teich.
3. Der Hund ~~faucht~~ bellt die Katze an.
4. Die Katze ~~bellt~~ faucht / miaut den Hund an.
5. Der Hahn ~~blökt~~ kräht auf dem Mist.
6. Das Schaf ~~kräht~~ blökt / mäht auf der Wiese.

Aufgabe 3:
z. B. Tiere benutzen ihre Laute, um sich zu verteidigen, zu warnen, sich zu erkennen und zur Orientierung.

Was versteckt sich hier?

Mithilfe der Kopiervorlage überprüfen Sie die Textkenntnis bis Seite 11. Die Antwort auf die dritte Frage steht zwar nicht ausdrücklich im Buchtext von Seite 5 oder in den Gedanken der Mücke, lässt sich aber dennoch von allen Kindern erschließen. Das Bild ermöglicht eine Selbstkontrolle.

Lösung
Aufgabe 1:
1. Hugo wirft seinen Schulranzen aufs Bett.
2. Hugo will die Hausaufgaben erledigen.
3. Hugo hört ein Summen.
4. Er entdeckt eine Mücke an der Wand.

Aufgabe 2:

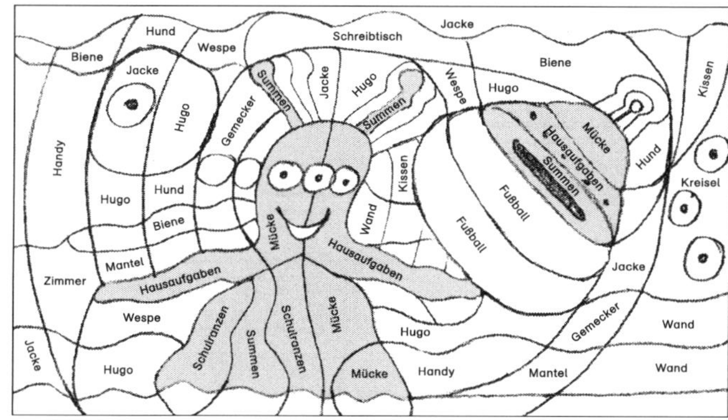

Weiterführende Anregung
Die Kinder denken sich weitere Fragen zum Text aus und beantworten sie gegenseitig. Dabei kann mündlich oder schriftlich gearbeitet werden.

Eine Mücke!

Dieses Arbeitsblatt kombiniert Lektürewissen mit Sachwissen und stellt zunächst das Ziel der Mücke in den Mittelpunkt. Dann bringt es den Schülern den Körperbau des Tieres näher. So wird auch geklärt, womit das Insekt sticht und wie das Stechinstrument aussieht.

Lösung
Aufgabe 1:
1. Hugos Blut
2. Es wird leicht sein, Hugo zu stechen.

Aufgaben 2 und 3:

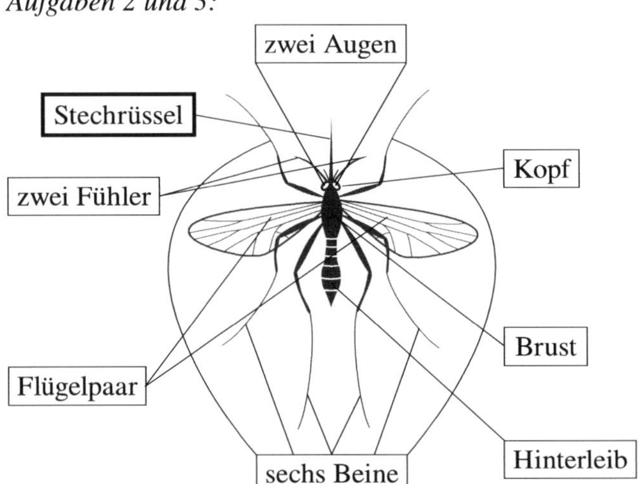

Auf großer Jagd
Seite 12 bis 33

Inhalt

Hugo geht zum Angriff über und schnappt sich ein Kissen. Doch die Mücke ist weg, ehe der Junge sie treffen kann. Sie ist sich sicher, dass Hugo keine Chance hat, sie zu erwischen. Bei Hugos zweitem Versuch geht die Nachttischlampe zu Bruch und er verletzt sich an einer Scherbe. Der Geruch des frischen Blutes erfreut den Blutsauger. Immer wieder geht der Junge auf die Mücke los, doch sie ist zu schnell für ihn, was ihn zunehmend ärgert. Das Zimmer versinkt nach und nach im Chaos. Seiner Mutter versichert Hugo aber, ihm sei nur etwas heruntergefallen. Als der Junge auf einem Stuhl stehend ein Bild wieder gerade aufhängen möchte, stürzt er und reißt einen Vorhang mit sich herunter.

Gesprächs- und Schreibanlässe

Hugo sagt seiner Mutter, dass alles in Ordnung ist.

- Warum, glaubst du, macht er das?
- Findest du gut, wie Hugo reagiert? Begründe.
- Wie hättest du reagiert?

Hugo hält sich am Vorhang fest. Ob das gut geht?

- Was meinst du? Wie geht die Geschichte wohl weiter?
- Wie hätte Hugo das Bild sicherer wieder richtig aufhängen können?

Hinweise zu den Kopiervorlagen

KV Seite 24

Ganz besondere Augen

Die Mücke ist nicht zuletzt deshalb schneller als Hugo, weil sie mit ihren Facettenaugen einen Rundumblick hat und deshalb blitzartig reagieren kann. Facetten- oder auch Komplexaugen nehmen Bewegungen besonders gut wahr. Die Kinder bekommen über einen kurzen erklärenden Text und ein stark vergrößertes Foto Informationen über diese faszinierenden Körperteile. Anschließend setzen sie sich mit der Form des Sechsecks auseinander und vollziehen so den Aufbau des Insektenauges nach. Wiederholen Sie auch noch einmal, wie die anderen beiden geometrischen Formen aus der zweiten Aufgabe bezeichnet werden.

Lösung
Aufgaben 1 und 2:
(...) Sie stehen dicht an dicht und sind sechseckig. (...)

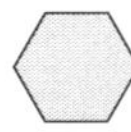

KV Seite 25

Insekten

Insekten stellen die größte Tiergruppe der Erde. Über eine Million verschiedene Arten sind uns bisher bekannt. Und es werden fast täglich mehr entdeckt – ganz schön spannend!

Fragen Sie die Kinder, bevor Sie das Arbeitsblatt austeilen, ob sie wissen, zu welcher Tiergruppe die Mücke gehört. Kündigen Sie dann an, dass die Klasse nun etwas über diese interessante Gruppe erfahren wird, und verteilen Sie das Blatt. Die Welt der Insekten ist sehr vielfältig. Doch welche gemeinsamen Merkmale teilen all diese Tiere? Die Antwort finden die Schüler in der ersten Aufgabe. Das dort erlangte Wissen ermöglicht es ihnen, die zweite Aufgabe zu erledigen und die Tiere richtig zuzuordnen. Weisen Sie darauf hin, dass der dreigeteilte Körper nicht bei allen Insekten gleich gut auszumachen ist. Abschließend notieren die Kinder weitere Insekten, die sie kennen.

Lösung
Aufgabe 2:
Insekten sind: Käfer, Ameise, Ohrwurm, Biene
keine Insekten sind: Regenwurm, Spinne

Aufgabe 3:
z. B. Fliege, Wespe, Hornisse, Hummel, Schmetterling, Libelle, Motte, Grille, Laus

Weiterführende Anregung
Überlegen Sie, zu welcher Gruppe Hugo (also der Mensch) gehört und was diese ausmacht: Hugo ist ein „Säugetier".

Säugetiere legen (meist) keine Eier und ihre Jungen trinken Milch bei der Mutter.

KV Seite 26

Aua, das tut weh!

Hugo ist in Eile, will schnell sein Mückenproblem loswerden und zurück an die Arbeit. Deshalb bindet er sich nur ein Taschentuch um seinen blutenden Finger. Dass das besser geht, wissen die Kinder sicher. Wie genau, erfahren sie auf diesem Blatt.

Die zweite Aufgabe bietet einen guten Anknüpfungspunkt, um mit den Schülern über eine tägliche Hygieneroutine zu sprechen: Wann waschen wir uns die Hände? Warum ist das wichtig? Wie reinigen wir unseren Körper? Gehen Sie auf unsichtbare Viren und Bakterien ein, die Krankheiten auslösen, durch gründliches Waschen aber beseitigt werden können.

Lösung

Aufgabe 1:

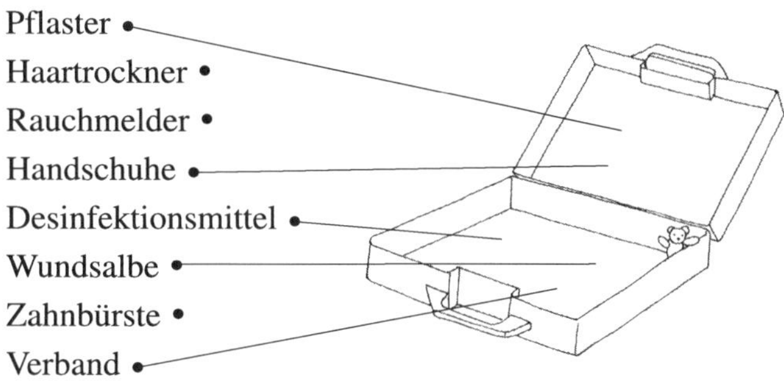

Aufgabe 2:

Ich wasche mir gründlich die Hände.
Ich trage Handschuhe.

KV Seite 27

So viele Sachen (B)

Auf Hugos Schreibtisch liegen viele Sachen, die alle mit ihm zu Boden purzeln. Von manchen besitzt Hugo nur ein Exemplar, von anderen mehrere. Knüpfen Sie daran an und thematisieren Sie mithilfe des Arbeitsblatts Einzahl und Mehrzahl.

Gestalten Sie die dritte Aufgabe als Klassengespräch, bei dem auch die Kinder mitreden können, die nur die Gedanken der Mücke und die Bilder kennen. Lesen Sie langsam von Seite 32 der Lektüre vor, was alles von Hugos Schreibtisch fällt. Manche Dinge werden den Kindern bekannt sein, andere erfordern vielleicht eine Erklärung (z. B. „Bernstein mit der Wespe" oder „... aus dem Isartal"). Folgende Fragen bieten sich an: Was weißt du über diesen Gegenstand? Hast du so etwas schon einmal gesehen oder besitzt du es auch?

Lösung

Aufgaben 1 und 2:

Einzahl (Singular)	Mehrzahl (Plural)
der Buntstift	die Buntstifte
der Bernstein	die Bernsteine
der Radiergummi	die Radiergummis
die Nordsee-Muschel	die Nordsee-Muscheln
der Fahrradhelm	die Fahrradhelme
der Kastanienigel	die Kastanienigel
der Stein	die Steine
die Schneekugel	die Schneekugeln
die Luftpumpe	die Luftpumpen
der Zirkel	die Zirkel
das Päckchen Zahnstocher	die Päckchen Zahnstocher

Weiterführende Anregungen

- In Partnerarbeit untersuchen die Schüler die Mehrzahl genauer und markieren, was sich verändert hat. Folgende Möglichkeiten der Pluralbildung tauchen auf: -e (die Buntstifte, die Bernsteine, die Fahrradhelme, die Steine), -s (die Radiergummis), -n (die Nordsee-Muscheln, die Schneekugeln, die Luftpumpen), Null-Endung (die Kastanienigel, die Zirkel, die Päckchen Zahnstocher).
- Besprechen Sie weitere Möglichkeiten, die Mehrzahl zu bilden, und sammeln Sie gemeinsam Beispiele: Null-Endung mit Umlaut (die Vögel), -e und Umlaut (die Bäume), -er (die Kinder), -er und Umlaut (die Blätter).
- Die Kinder denken sich Geschichten zu den Gegenständen aus: Woher hat Hugo den Gegenstand wohl? Wann braucht er ihn oder wann tröstet er ihn?

KV Seite 28

Auf großer Jagd (A)

Die Kinder lesen die Gedanken der Mücke von Seite 15 bis 29 und bearbeiten anschließend das Arbeitsblatt. Die Aufgaben schulen das sinnentnehmende Lesen und prüfen die Textkenntnis. Das Lösungswort ermöglicht die Selbstkontrolle.

Lassen Sie die Schüler im Internet recherchieren, um die Lösung zu überprüfen. Das bietet sich als Hausaufgabe an. Vielleicht hat das ein oder andere Kind Lust, ein kurzes „Referat" darüber zu halten, wie Mücken in unterschiedlichen Regionen noch genannt werden? (Mucken, Schnaken) Alternativ können Sie eine Umfrage starten: Wie nennen die Kinder Mücken zu Hause? Welche anderen Bezeichnungen für „Mücke" haben sie schon gehört?

Die Kopiervorlage ist vornehmlich zur Differenzierung gedacht, kann aber auch von den Kindern bearbeitet werden, die den gesamten Text lesen. In Kombination mit

Version (B) von Seite 29 werden nämlich die gegensätzlichen Reaktionen der beiden Protagonisten Mücke und Hugo anschaulich gegenübergestellt: Die Mücke bleibt ruhig und gelassen und verfolgt ihr Ziel, während Hugo zunehmend Chaos verbreitet und immer ungehaltener wird.

Lösung

Aufgaben 1 und 2:

Lass mich doch einfach etwas von deinem BLUT trinken.
Dann bin ich ZUFRIEDEN.
Du BIST doch ein Netter.
Lässt mich dein süßes Blut RIECHEN.
Diese leckere MAHLZEIT lasse ich mir nicht entgehen.
Nun sei mal RUHIG, ich hab's gleich.
Lösungswort: GELSEN

Aufgabe 3:

Die Mücke meint, dass sie es schafft, Hugo zu stechen.

KV Seite 29

Auf großer Jagd (B)

Bei Hugos wilder Mückenjagd versinkt sein ganzes Zimmer im Chaos und nicht nur die Nachttischlampe geht zu Bruch. Mithilfe des Arbeitsblatts vollziehen die Kinder die Reihenfolge der Handlung und die Entwicklung des Chaos noch einmal nach. Um die Aufgabe bearbeiten zu können, muss das Buch bis Seite 32 bekannt sein.

Lösung

Hugo schnappt sich das Kissen und trifft damit die Nachttischlampe.	
Die Nachttischlampe geht zu Bruch.	
Hugo hebt eine Scherbe auf und verletzt sich am Finger.	
Beim nächsten Angriff fällt das Kissen in die Kreiselsammlung.	
Die Kreisel purzeln durcheinander und verteilen sich überall auf dem Boden.	
Hugo will die Mücke neben dem Vorhang treffen, erwischt aber nur (...)	
Jetzt klettert Hugo auf den Schreibtischstuhl, um das Bild wieder richtig aufzuhängen.	
Die Mücke freut sich über Hugos Arm als Landebahn.	
Hugo stürzt. Er reißt dabei den Vorhang und viele Sachen vom Schreibtisch (...)	

Hugo wird wütend
Seite 34 bis 42

Inhalt

Nach seinem Sturz vom Schreibtischstuhl wird Hugo richtig wütend. Seine Mama versucht ins Zimmer zu kommen, um nach dem Rechten zu sehen, aber vor lauter Unordnung ist die Tür blockiert. Von draußen erinnert sie Hugo an die Hausaufgaben. Doch Hugo steigert sich immer weiter in die Mückenjagd hinein. Als er schließlich verletzt, tränenüberströmt und mit rudernden Armen auf die Mücke losgeht, klingelt sein Handy. Seine Mutter ruft an. Über diese Idee muss Hugo lächeln.

Gesprächs- und Schreibanlässe

Hugo spielt wohl häufiger „Aliens jagen".
- Denkst du dir auch solche Spiele aus?
- Was spielst du gern?

Hugo hat eine Beule.
- Hattest du auch schon einmal eine Beule? Weshalb?
- Was hast du dagegen getan?

Auf Hugos Schrank steht ein Chemiebaukasten. Er experimentiert wohl gern.
- Weißt du, was ein Chemiebaukasten ist? Erkläre.
- Machst du auch gern Experimente? Welche? Erzähle.
- Hast du einen Experimentierkasten? Was kannst du damit machen?

Hugos Handy klingelt. Seine Mutter ruft ihn an.
- Warum tut sie das wohl?
- Hast du auch ein Handy oder darfst du manchmal ein Handy benutzen? Gibt es bestimmte Regeln, die du dann einhalten musst?

Hinweise zu den Kopiervorlagen

KV Seite 30

Hugo ist wütend

Dass Hugo wütend ist, erkennen die Kinder deutlich an seinem Verhalten und an der in der Lektüre verwendeten Sprache. Das Arbeitsblatt ist so gestaltet, dass es alle bearbeiten können. Fassen Sie nach der ersten

Aufgabe gemeinsam zusammen, woran man erkennt, dass Hugo wütend ist: Er ruft bzw. schreit, stampft mit dem Fuß auf, wird rot, wirft Dinge durch die Gegend und rudert mit den Armen. Vielleicht finden die Kinder, die das gesamte Buch lesen, weitere Stellen in der Lektüre, die Hugos Gefühle offenbaren, z. B. „In seinem Bauch brodelt es wie in einem Vulkan“ (Seite 34) oder „Vor lauter Bauchbrodeln kann Hugo nur stammeln“ (Seite 36).

Nehmen Sie das Arbeitsblatt zum Anlass, um die Klasse von ihren eigenen Wuterlebnissen erzählen zu lassen. Sicher können sich viele Schüler gut in Hugo hineinversetzen. Die letzten beiden Aufgaben knüpfen an die Lebenswirklichkeit der Kinder an: Was tun sie, wenn sie wütend sind, und was hilft ihnen dann? Besprechen Sie, dass auch Wut ein Gefühl ist, das die Kinder zulassen dürfen. Wichtig ist es nur, Wege zu finden, mit solchen heftigen Gefühlen richtig umzugehen. Überlegen Sie gemeinsam, welches Verhalten sinnvoll ist und was man nicht tun darf, auch wenn man wütend ist. Erklären Sie, dass es niemals eine Option ist, gewalttätig zu werden. Niemand darf verletzt werden. Dinge durch die Gegend zu werfen, so wie Hugo es tut, ist zwar deutlich weniger schlimm, aber auch keine geeignete Lösungsstrategie. Haben die Schüler bessere Ideen? Mithilfe der Kopiervorlagen „Wutkunst“ (Seite 31 / 32), „Stimmungsbarometer“ (Seite 39), „Witze gegen die Wut“ (Seite 44) und „Wuti, das Wutmonster“ (Seite 45) können einige Möglichkeiten gemeinsam erarbeitet werden.

Lösung

Aufgabe 1:

„Wo ist die verflixte Mücke?“, ruft er und stampft mit dem Fuß auf.

Der Junge wird ja ganz rot im Gesicht.

Er greift nach einer Murmel unter dem Schreibtisch. Mit Karacho will er sie wegwerfen.

„Blöde Hausaufgaben, blöde Murmel, blöde Scherbe, blöde Mücke!“, schreit Hugo.

Hugo rudert mit den Armen und geht auf die Mücke los.

KV Seite 31 / 32

Wutkunst

Die Wut zu kanalisieren und das starke Gefühl künstlerisch zu verarbeiten, ist eine wirkungsvolle, die Resilienz fördernde Strategie. Kündigen Sie an, dass die Kinder ihre Wut nun einmal zu Papier bringen dürfen. Die gängige Farbe, Wut auszudrücken, ist Rot. Gefühle sind aber etwas sehr Persönliches. Deshalb kann die „Wutfarbe“ für jedes Kind anders aussehen.

Auch Wutwörter können nicht allgemeingültig vorgegeben werden. Oft assoziiert man Begriffe, die mit großer Hitze zu tun haben, wie Explosion, Feuer oder Vulkan. Mithilfe der Wörter kreieren die Schüler am Ende ein Wut-Elfchen. Unten finden Sie ein Beispiel, wie so ein Gedicht aussehen kann.

Wut zu unterdrücken kann langfristig zu psychischen und psychosomatischen Krankheiten führen. Die Resilienz der Kinder zu fördern, ihnen geeignete Wege zur Kanalisation ihrer Wut und deren Aufarbeitung aufzuzeigen, ist essenzieller Bestandteil eines fächerübergreifenden Unterrichts. So stärken Sie die Sozialkompetenz und emotionale Entwicklung und legen einen Grundstein für ein späteres ausgeglichenes Selbst.

Wut-Elfchen (Beispiel)

Wut
brennt heiß
in meinem Bauch
ich muss laut schreien
rot

Weiterführende Anregung

Geben Sie den Kindern noch eine Möglichkeit an die Hand, mit ihrer Wut kreativ umzugehen: Sie können auf ein Papier schreiben oder malen, was sie wütend macht, und dieses dann zerreißen. Bitte keine Schere verwenden!

KV Seite 33 / 34

Wo ist bloß diese Mücke? (A) / (B)

Die Mückenjagd quer durchs Zimmer wird hier aufgegriffen, um spielerisch an lokale Präpositionen heranzuführen bzw. die Wortart zu wiederholen. Erklären Sie, dass (lokale) Präpositionen eine Antwort geben auf die Fragen: Wo? Woher? Wohin?

Leseschwächeren Kindern (A) werden die Präpositionen dann vorgegeben: Sie lesen die Sätze und kleben die Mücken entsprechend ins Bild. Lesestärkere Kinder (B) recherchieren zunächst im Buch. Um den Lerneffekt zu verstärken, können die Präpositionen zusätzlich markiert werden. Sammeln Sie anschließend an der Tafel weitere lokale Präpositionen, z. B. aus, durch, gegen, hinter, über, unter, vor, zu, zwischen.

Lösung Seite 33
Aufgabe 1:

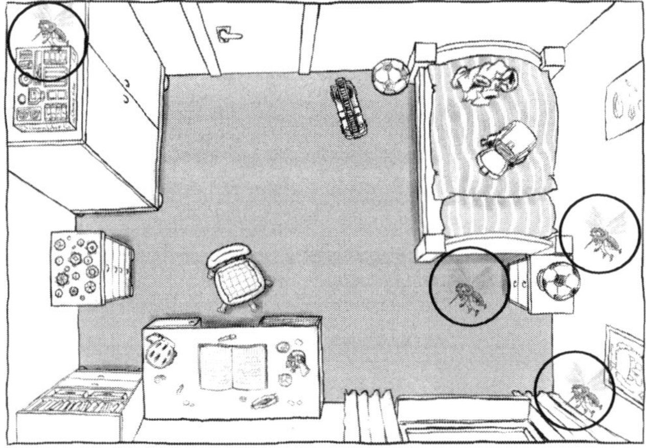

Aufgabe 2:
z. B. Die Mücke sitzt auf Hugos Bett.
Die Mücke sitzt unter dem Schrank.

Lösung Seite 34
Aufgabe 1:
1. Die Mücke sitzt an der Wand in Hugos Zimmer.
2. Sie sitzt neben seinem Bett.
3. Hugo entdeckt die Mücke in der Zimmerecke, ganz nah am Vorhang.
4. Die Mücke landet auf seinem Chemiebaukasten.

Aufgabe 2:
siehe Lösung zu Seite 33, Aufgabe 1

Mein Kinderzimmer
Das eigene Zimmer hat für die Kinder eine ganz besondere Bedeutung. Hier können sie sich ausleben und sich zurückziehen, wenn es ihnen danach ist. Nehmen Sie das Arbeitsblatt zum Anlass, um über die Zimmer der Kinder zu sprechen: Hast du ein eigenes Zimmer? Wie sieht es aus? Welche Farbe haben die Wände? Hast du Bilder aufgehängt? Dabei werden die Schüler große Unterschiede feststellen. Es kann auch sein, dass es Kinder gibt, die kein eigenes Zimmer besitzen. Das hat bestimmt auch Vorteile, wie diese Schüler vielleicht erzählen können …

Die Kinder lernen im Gespräch, dass jeder seine eigenen Vorstellungen, Interessen und Wünsche hat. So liegen auf Hugos Schreibtisch vermutlich ganz andere Dinge als bei den Kindern. Vielleicht finden sich aber auch Überschneidungen? Überlegen Sie, wie langweilig es wäre, wenn jeder die gleichen Dinge und Interessen hätte.

Das Arbeitsblatt kann von der ganzen Klasse bearbeitet werden. Leseschwächere Schüler nehmen dazu die Bilder im Buch genau in Augenschein. Um die erste Aufgabe lösen zu können, muss die Lektüre bis Seite 42 bekannt sein. Beim Malen des eigenen Zimmers ist es am einfachsten, die Perspektive von oben zu wählen (vgl. Lösung zu Seite 33).

Lösung
Aufgabe 1:
ein Bett, eine Kreiselsammlung, einen Chemiebaukasten, einen Schreibtisch, eine Nachttischlampe

Klirr! Buff! Knirsch! Bumm!
Lautmalerische Begriffe bzw. Geräuschwörter (Onomatopoetika) finden sich vor allem in der Comicsprache. Dort werden diese Wörter meist zusätzlich illustriert, um ihre Bedeutung zu unterstreichen. Bringen Sie einen solchen Comic mit oder zeigen Sie eine Seite aus dem Internet, um den Kindern Anschauungsmaterial zu liefern. So können sie am Ende ihr eigenes Geräuschwort bildnerisch umsetzen. Die Aufgaben eignen sich für alle, da sie unabhängig von der Lektüre funktionieren. Lassen Sie leistungsstärkere Schüler zusätzlich die Geräuschwörter aus der Lektüre heraussuchen (Seite 14, 20, 24 und 38) und den jeweiligen Ursprung nennen oder zuordnen. Das kann auch schriftlich passieren.

Besprechen Sie abschließend den Gedanken der Mücke von Seite 25 des Buches: „Das war aber kein schönes Geräusch!" Worauf bezieht sich die Mücke? Kinder, die alles lesen, erschließen die Antwort aus dem Text, alle anderen mithilfe der Illustration und im Gespräch.

Lösung
Aufgabe 1:

ticktack	Polizeiauto
tatütata	Telefon
dong	Wanduhr
ring-ring	Kirchturmuhr
peng	platzender Luftballon

ticktack – Wanduhr; tatütata – Polizeiauto; dong – Kirchturmuhr; ring-ring – Telefon; peng – platzender Luftballon

Aufgabe 2:
summ: eine Mücke
tröööt: eine Tröte
zisch: eine Wasserflasche
rums: eine Tür
doing: ein Hüpfball

Aufgabe 3:
z. B. zack!, krawumm!

Wer macht was?
Indem die Kinder überlegen, wer was in diesem Abschnitt des Buches tut, verbessern sie ihre Fähigkeiten zum sinnentnehmenden Lesen. Zudem prüft die Kopiervorlage die Textkenntnis.

Lösung
Aufgabe 1:
blau: sucht sich ein Versteck, summt, hat Mitleid
rot: stampft mit dem Fuß auf, wird ganz rot im Gesicht, schreit

Aufgabe 2:
Die Mutter will zu Hugo ins Zimmer.
Das Feuerwehrauto blockiert die Tür.

Zurück zum Plan!
Seite 43 bis 48

Inhalt

Hugos Mama erinnert ihren Sohn telefonisch an sein Fußballspiel. Die Wut des Jungen verraucht. Ihm wird klar, dass er seinen ursprünglichen Plan wegen der Mückenjagd völlig aus den Augen verloren hat, und er beschließt, die Hausaufgaben abends zu erledigen. Dann gibt er der Mücke sogar einen Namen, verabschiedet sich von ihr und ist sich sicher, dass er sich das nächste Mal nicht mehr von solch einer Kleinigkeit aus der Ruhe bringen lassen wird. Die Mücke ist enttäuscht, als Hugo schließlich das Zimmer verlässt, um zum Fußball zu gehen. Ihr hat die Jagd Spaß gemacht.

Gesprächs- und Schreibanlässe

Hugo muss jetzt ganz schön viel aufräumen.

- Musst du auch oft aufräumen? Wie findest du das?
- Gibt es bei dir zu Hause manchmal Streit um das Aufräumen? Erzähle.

Die Hausaufgaben muss Hugo am Abend erledigen.

- Machst du abends gern Hausaufgaben? Was machst du abends am liebsten?
- Musstest du deine Hausaufgaben auch schon einmal verschieben, weil etwas dazwischengekommen ist? Was ist dann passiert? Erzähle.

Hinweise zu den Kopiervorlagen

Pläne machen
Knüpfen Sie an Hugos Plan an, um mit den Kindern eigene Tagesabläufe zu planen. Das Arbeitsblatt bietet dafür eine übersichtliche Tabelle. Versichern Sie sich vorab, dass allen Kindern die Bezeichnungen der einzelnen Wochentage vertraut sind. Auch über den grundlegenden Unterschied von „normalen“ Wochentagen und den beiden Tagen am Wochenende kann einführend gesprochen werden. Lassen Sie die Schüler ihren Tag anschließend in einen Zeitstrahl übertragen. Die letzte Aufgabe hilft zu reflektieren und über tägliche Routinen sowie zeitliche Abfolgen nachzudenken.

Runden Sie das Thema mit einem Klassengespräch ab: Haben die Kinder auch schon einmal einen Plan gehabt und etwas hat ihn durcheinandergebracht?

Stimmungsbarometer
Sicher kennen die Schüler das Auf und Ab der Gefühle, das Hugo durchlebt. Die Beschäftigung mit der Lektüre, die das Thema „Wut“ mit Humor behandelt, bietet ihnen die Möglichkeit zur Identifikation und Reflexion und kann sie so zu einer höheren Frustrationstoleranz führen. Kinder lernen schrittweise mit ihrer Wut umzugehen, sodass irgendwann – wie bei Hugo – nur noch kleine Impulse von außen nötig sind.

Das Arbeitsblatt setzt sich zunächst sprachlich mit Hugos emotionaler Achterbahnfahrt auseinander. Die grafische Darstellung aus der zweiten Aufgabe hilft zusätzlich, Hugos Gefühle nachzuvollziehen. Klären Sie dafür vorab, welche Funktion ein Barometer normalerweise hat: Es zeigt die Wetterlage an.

Lenken Sie das Gespräch abschließend auf Situationen, in denen die Kinder selbst ein Auf und Ab der Gefühle durchlebten. Welche Ereignisse oder Handlungsmuster haben ihnen da geholfen, ihr Gemüt wieder „abzukühlen“?

Lösung
Aufgabe 1:
z. B. Hugo ist am Anfang gut gelaunt und wird dann fuchsteufelswild. Am Ende ist er wieder frohgemut.

Aufgabe 2:

Hugo freut sich über seinen Plan.	Hugo erwischt die Mücke nicht. Das macht ihn richtig wütend.	Hugo muss über Mama schmunzeln und erinnert sich an seinen Plan.

KV Seite 40 **Von Mücken und Elefanten (B)**

Der Sinn von Redewendungen erschließt sich Kindern erst nach und nach mit zunehmendem Sprachverständnis. Die Metapher hinter dem Buchstäblichen muss dazu erkannt werden. Redewendungen sind ein fester und oft alltäglicher Bestandteil unserer Sprache. Sie halten Sprache lebendig und bringen – mitunter komplexe – Sachverhalte auf den Punkt.

Besprechen Sie nach der Bearbeitung der ersten Aufgabe die Antwort. Was ist das kleine Problem? (Die Mücke.) Was ist das große? (Der Wutanfall; das Chaos; der schöne Plan, der nicht in die Tat umgesetzt werden kann.)

Lösung

Aufgabe 1:

Hugo meint, dass er aus einem kleinen Problem ein großes gemacht hat.

Aufgabe 3:

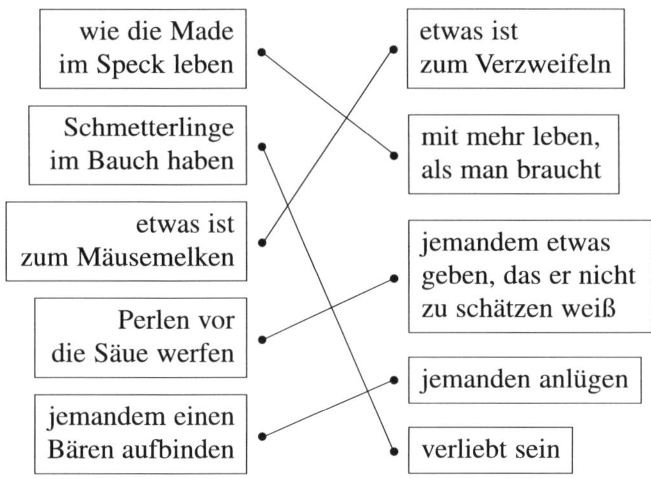

Weiterführende Anregungen

- Kindern macht es meist Spaß, sich mit Sprichwörtern und Redewendungen zu beschäftigen. Sicher interessieren sie sich auch für Wendungen anderer Kulturkreise. Vielleicht haben Sie Schüler in der Klasse, die solche beisteuern und eventuell sogar erklären können?
- Hugo verhält sich bei der Mückenjagd wie ein Elefant im Porzellanladen. Erarbeiten Sie mit den Schülern die Bedeutung dieser Redewendung. Für viele Lacher werden Sie sorgen, wenn Sie den Kindern noch jemanden zeigen, der sich wie ein Elefant im Porzellanladen verhält, obwohl er (wie Hugo) nur ein schiefes Bild wieder richtig aufhängen will: Den großen Humoristen Loriot alias Vicco von Bülow in dem Sketch „Das Bild hängt schief" von 1976.

KV Seite 41 **Mückengedanken**

Die Mücke ist eine Protagonistin, an der die Kinder sicher viel Freude haben. Sie lässt sich nicht einschüchtern oder aus der Ruhe bringen und ist sich ihres Sieges sicher. Und obwohl Hugo viel größer ist als sie, nennt sie Hugo „Kleiner".

Das Arbeitsblatt stellt die Gedanken der Mücke in den Mittelpunkt und kann von der ganzen Klasse bearbeitet werden. Durch die Beschäftigung mit der zweiten Aufgabe reflektieren die Schüler noch einmal ihre Leseerfahrung. Natürlich ist es auch in Ordnung, wenn ein Kind nicht über die Mücke schmunzeln konnte. Dann wird diese Erfahrung notiert. Um die dritte Aufgabe bearbeiten zu können, ist Fantasie gefragt. Die Kinder versetzen sich in die Mücke und werden so selbst zu Autoren.

Lösung

Aufgabe 1:

KV Seite 42 **Was stimmt? (A)**

Mithilfe der Kopiervorlage überprüfen Sie abschließend die Textkenntnis derjenigen Kinder, die nur die Mückengedanken lesen und die Illustrationen betrachten. Das Lösungswort ermöglicht eine Selbstkontrolle. Wenn die Schüler gut aufgepasst haben und noch wissen, dass nur die Weibchen der Mücken stechen, können sie die Frage der dritten Aufgabe leicht beantworten. Vielleicht haben die Kinder passende Namensvorschläge, die einer Dame gerecht werden?

Lösung

Aufgaben 1 und 2:

Hugo ist nicht mehr wütend.

KV Seite 43

Wörter finden (B)

Um die passenden Wörter im Rätselgitter finden zu können, müssen die Seiten 42 bis 46 bekannt sein. Die Aufgabe schult die Konzentration, überprüft die Textkenntnis und festigt das Gelesene.

Die zweite Aufgabe bietet eine gute Gelegenheit, um die Schüler noch einmal an die Nomenprobe zu erinnern oder diese einzuführen: Kann ich einen Artikel vor das Wort setzen (Artikelprobe), hat es eine Mehrzahl (Mehrzahlprobe) oder kann ich es anfassen (Anfassprobe)?

Lösung

Aufgabe 1:

B	E	F	S	T	A	O	M	Ü	G	I	I	Ä
M	U	E	L	E	F	A	N	T	E	N	T	R
A	E	E	B	W	I	M	S	C	H	J	K	G
M	P	R	W	Q	F	N	N	G	P	N	I	E
A	V	C	I	Z	E	I	O	W	S	H	G	R
V	R	I	L	L	U	Ü	N	B	R	L	S	N
K	I	N	L	N	P	E	D	D	A	M	E	J
B	T	E	I	I	B	T	N	W	U	O	A	K
J	K	E	S	C	H	N	A	S	K	F	F	E
R	H	A	U	S	A	U	F	G	A	B	E	N
I	O	N	M	T	R	W	L	H	S	P	Ö	A

Aufgabe 2:
Mama, Hausaufgaben, Elefanten, Willi, Dame

Weitere Unterrichtsvorschläge

Mückenflugbahn

Legen Sie Nähgarn und Wasserfarbe bereit. Die Kinder schneiden lange Fäden von dem Garn ab und malen diese mit Wasserfarbe an. Anschließend platzieren sie das noch feuchte Garn kreuz und quer in Schlaufen und Loopings auf ein weißes Blatt Papier. Mit einem zweiten Papier, das obendrauf gelegt wird, wird der Faden leicht angedrückt. Wenn die Kinder das obere Blatt samt Faden vorsichtig abnehmen, wird eine Mückenflugbahn sichtbar. War die Mücke wild unterwegs? Abschließend klebt jeder eine Mücke an das Ende der Bahn. Kopieren Sie dafür die Mücke aus dem Buch für jeden Schüler einmal. Fertig sind die wilden Mückenloopings.

Mückenpantomime

Spielen Sie zwischendurch als kleines Bewegungsspiel „Mücken fangen". Die Kinder bewegen sich so, als würden sie eine Mücke fangen. Bei wem sieht die Pantomime am echtesten, am lustigsten oder am wildesten aus?

Wenn Sie mögen und die Kinder Freude daran haben, können Sie hier noch einen Sketch von Loriot zeigen: Ein Hausmeister wird durch eine Mückenjagd zum Dirigenten eines ganzen Orchesters („Loriot dirigiert die Berliner Philharmoniker").

Gute Ohren

Verstecken Sie ein Smartphone oder ein vergleichbares Gerät mit dem Summgeräusch einer Mücke so im Klassenzimmer, dass die Spieler (ein Kind oder mehrere Kinder) das Versteck nicht mitbekommen. Spielen Sie das Geräusch ab und lassen Sie die Kinder suchen. Gar nicht so einfach …

Nach der Lektüre

Hinweise zu den Kopiervorlagen

KV Seite 44

Witze gegen die Wut

Rekapitulieren Sie gemeinsam, welche hilfreichen Tipps und Tricks, mit Wut gelassener umzugehen, die Klasse bis hierhin erarbeitet hat (z. B. Wut kreativ ausdrücken, durchatmen, in ein Kissen boxen, bis zehn zählen). Überlegen Sie dann, was Hugo außerdem hilft: Humor. Die Situation, dass seine Mutter ihn anruft, obwohl sie nebenan ist, bringt ihn zur Besinnung. Erläutern Sie die Stelle gegebenenfalls jenen Schülern, die nur die Gedankenblasen der Mücke lesen. Humor ist ein starkes Werkzeug und kann helfen, sich (und andere) aus kritischen Momenten zu befreien.

Hier knüpft die Kopiervorlage an: Die Kinder setzen sechs Witze bzw. Scherzfragen richtig zusammen, damit auch sie das nächste Mal, wenn sie wütend (oder traurig) sind, die heilende Kraft des Humors erfahren können.

Lösung

Was war das Letzte, was der Luftballon bei seinem Flug durch die Wüste sagte? – „Vorsicht, da ist ein Kaktusssssssss…!"
Was liegt am Strand und ist schwer zu verstehen? – Eine Nuschel.
Warum heißt der Bär „Bär" und der Tiger „Tiger"? – Weil der eine bärtiger ist als der andere.
Was fliegt durch die Luft und riecht nach Bratwurst? – Eine Bratwurst mit Flügeln.
Was sagt der Holzwurm abends zu seinen Kindern? – „Husch, husch, ins Brettchen!"
Was ist schwarz-weiß-schwarz-weiß-schwarz…? – Ein Pinguin, der den Berg herunterrollt.

Weiterführende Anregung

Sammeln Sie die verschiedenen Wutlösungsstrategien an der Tafel oder gestalten Sie ein entsprechendes Plakat. Die Schüler können weitere Ideen beisteuern: Wie wäre es z. B., die Wut mit einem Luftballon in die Ferne zu schicken? Ermutigen Sie die Kinder dazu, einfache Strategien im Alltag tatsächlich auszuprobieren. Was gefällt ihnen am besten? Womit haben sie Erfolg?

KV Seite 45

Wuti, das Wutmonster

Mit dieser Kopiervorlage gesellt sich zu den bis jetzt bekannten Strategien, mit Wut umzugehen, noch ein kleines Wutmonster. Es ist dazu in der Lage, Wut einfach wegzusaugen … Die Kinder werden es schnell in ihr Herz schließen und die Wirkung ausprobieren. Kann Wuti vielleicht noch ganz andere Sachen? Bei Schmerzen helfen oder Tränen trocknen?

KV Seite 46–48

Spiel: Mückenjagd

Auf zur Mückenjagd! Abwechselnd schnipsen die Kinder das „Beobachtungsglas" vom Startfeld über das Spielfeld. Damit das „Glas" gut geschnipst werden kann, wird eine kleine Papierkugel unter den ausgeschnittenen Kreis von Seite 47 (links unten) geklebt. Wer hat am Ende die meisten Mücken gesammelt? Das Spiel bietet einen lockeren Abschluss der Lektüre, belohnt die Textkenntnis und fasst noch einmal relevante Punkte spielerisch zusammen.

Basteln Sie das Spielbrett und legen Sie es bereit. Kopieren Sie dazu Seite 46 und schneiden Sie das Spielbrett an den gestrichelten Linien aus. Falten Sie die Ränder an den fetter gedruckten Faltlinien nach oben. Fixieren Sie die Kanten mit Klebeband, sodass an drei Seiten eine kleine „Mauer" entsteht. Nachdem Sie die Frage- und Aktionskarten kopiert haben, können Sie sie zur besseren Haltbarkeit nach dem Ausschneiden laminieren. Die Blankokärtchen dürfen die Schüler selbst gestalten. Alternativ bereiten Sie die Kärtchen vor.

Es wird reihum gespielt. Landet das „Beobachtungsglas" nach dem Schnipsen auf einem Mückenfeld, darf sofort ein Mückenchip genommen werden. Landet es auf einem Feld mit einem Frage- oder Ausrufezeichen, wird eine entsprechende Karte gezogen. Der jeweils linke Nachbar des Spielers liest die Karte vor. Wird eine Frage richtig beantwortet, erhält der Spieler auch einen Mückenchip. Auf den Aktionskarten ist vermerkt, welche Belohnung (oder Strafe) erfolgt. Fliegt das „Glas" über das Spielbrett hinaus, ist der nächste Spieler an der Reihe. (Hier zeigt sich die Frustrationstoleranz der Kinder …)

Sieger ist, wer nach einer vorher festgelegten Anzahl von Runden die meisten Mückenchips besitzt.

Name:

lesen **schreiben** sprechen malen/basteln rätseln

Hugo hat einen Plan

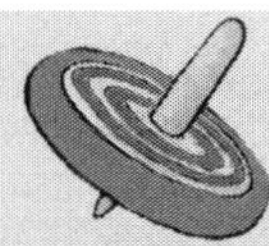

Die Sätze sind durcheinandergeraten. Schreibe sie richtig auf. Beginne mit den fett gedruckten Wörtern.

1. in sein Zimmer kommt auf das Bett. **Hugo** und den Schulranzen wirft

2. seine Jacke **Er** zieht nimmt aus und aus dem Ranzen. das Matheheft

3. an den Schreibtisch. setzt sich **Er**

4. machen Hausaufgaben **Jetzt** noch schnell und dann zum Fußball!

In welcher Reihenfolge macht Hugo was? Trage Zahlen von 1 bis 5 ein. Wenn alles stimmt, erhältst du ein Lösungswort.

☐ an den Schreibtisch setzen **A**

☐ ins Zimmer kommen **P**

☐ Jacke ausziehen **I**

☐ den Schulranzen aufs Bett werfen **R**

☐ Matheheft nehmen **M**

Lösungswort: ☐1 ☐2 ☐3 ☐4 ☐5 !

Name:

lesen schreiben **sprechen** **malen/basteln** rätseln

Eine Umfrage

Hugo spielt in seiner Freizeit gern Fußball. Er bewegt sich viel.

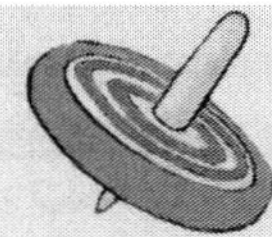

Startet eine Umfrage in der Klasse: Wer macht was in seiner Freizeit am liebsten? Notiert die Anzahl der Meldungen in Ziffern hinter den Fragen.

1. Wie viele Kinder spielen am liebsten draußen? ☐

   Wie viele Kinder spielen am liebsten drinnen? ☐

2. Wie viele Kinder spielen am liebsten mit Freunden oder Geschwistern? ☐

   Wie viele Kinder sitzen am liebsten am Computer oder schauen Filme? ☐

3. Wie viele Kinder treiben gern Sport? ☐

   Wie viele Kinder treiben nicht so gern Sport? ☐

Trage das Ergebnis eurer Umfrage ein. Male für jeden Schüler ein Kästchen an. Benutze für jedes Ergebnis eine eigene Farbe.

Anzahl der Schüler

draußen/drinnen	Freunde/Bildschirm	Sport/kein Sport

Name:

lesen

schreiben

sprechen

malen/basteln

rätseln

Konzentration, bitte! (A)

Hugo kann sich gar nicht konzentrieren. Zeige, wie gut du dich konzentrieren kannst.

Löse das Sudoku.

Mücke	Hugo		Jagd
Fußball			Hugo
	Mücke		
Jagd			Mücke

Wie viele Mücken fliegen hier durcheinander? Trage ein.

Hier sind insgesamt ☐ Mücken zu sehen.

Name:

lesen | schreiben | sprechen | malen/basteln | rätseln

Aliens (B)

Hugo vermutet zuerst, dass Aliens in seinem Zimmer sind.

Lies den Text.

Aliens sind außerirdische Lebewesen.
Bisher hat noch niemand ein Alien gesehen.
Man weiß nicht, ob es sie gibt.
Sie könnten auf weit entfernten Planeten leben.
In Eiswüsten unglaublicher Kälte,
in wahnsinniger Hitze inmitten riesiger Vulkane
oder weit, weit unten in dunklen Meeren.
Vielleicht sogar in einer Welt ohne Luft.
Sie könnten riesig wie Dinosaurier sein
oder klein wie Bakterien.

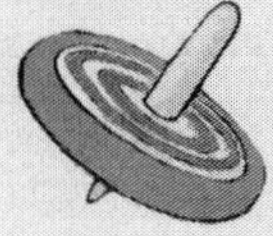

Suche dir eine der oben beschriebenen Landschaften aus und male das dazu passende Alien. Was braucht es, um dort leben zu können? Die Fragen helfen dir.

Braucht dein Alien Mund und Nase?
Braucht es Flügel, Flossen oder Kiemen?
Braucht es eine besondere Farbe?
Braucht es einen besonderen Schutz?

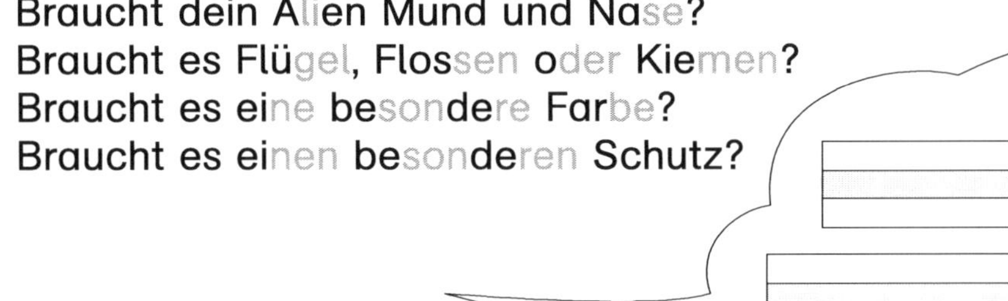

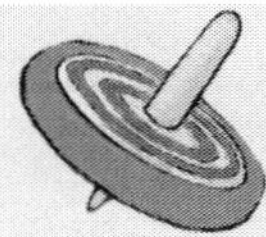

Hugos Fantasie-Alien summt. Deins auch? Denke dir eine Sprache für deinen Außerirdischen aus und schreibe etwas in die Sprechblase.

Name:

lesen **schreiben** sprechen **malen/basteln** rätseln

Warum stechen Mücken?

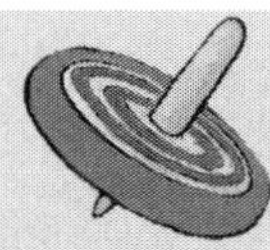

Schneide die drei Textkästen unten aus und klebe sie richtig in den Kreislauf. Achtung: Einer der Texte ist falsch!

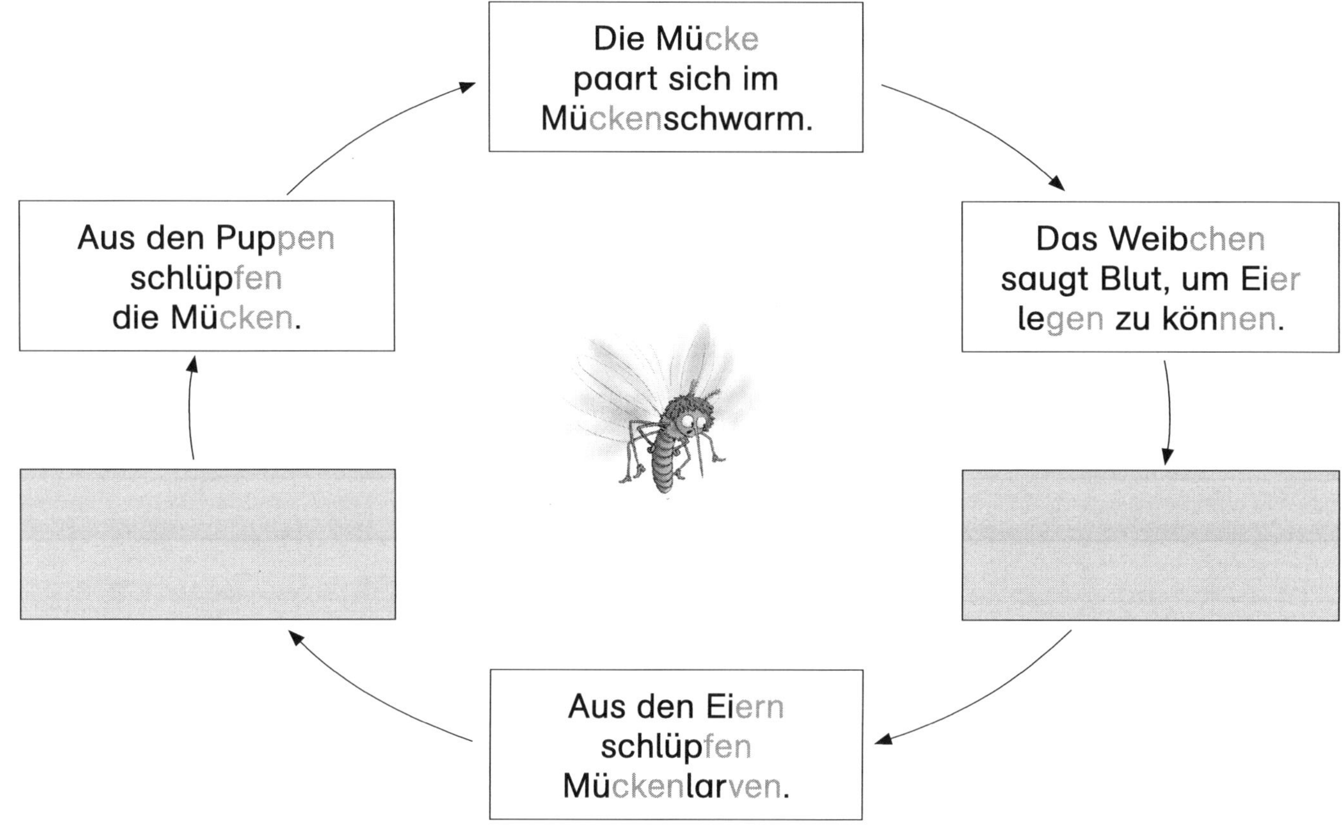

Weißt du nun, warum Mücken stechen? Ergänze.

Eier legen

Blut zu saugen

Die Mücke sticht, um ______________________.

Das Blut braucht sie, damit sie ______________________ kann.

✂

Die Mücke legt Eier im Wasser ab.	Jede Mücke legt genau ein Ei. Es ist 3 cm groß.	Aus den Larven werden Puppen.

Name:

lesen **schreiben** **sprechen** malen / basteln rätseln

Was summt denn da?

Mücken nerven uns mit ihrem summenden Geräusch manchmal gewaltig.
Am Summen erkennen die Männchen die Weibchen.

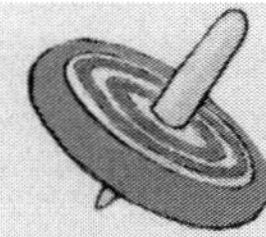

Kennst du noch mehr Tiere, die Summgeräusche machen?
Schreibe drei auf.

____

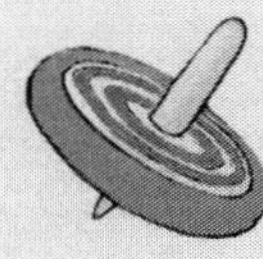

Tiere geben ganz unterschiedliche Laute von sich. Doch hier ist etwas durcheinandergeraten. Wer macht wie? Streiche das falsche Wort durch und schreibe das richtige dahinter.

1. Die Mücke quakt ______ an Hugos Ohr.
2. Der Frosch summt ______ am Teich.
3. Der Hund faucht ______ die Katze an.
4. Die Katze bellt ______ den Hund an.
5. Der Hahn blökt ______ auf dem Mist.
6. Das Schaf kräht ______ auf der Wiese.

Wozu benutzen Tiere ihre Sprache noch? Überlegt gemeinsam und sammelt eure Ergebnisse auf einem Blatt.

Name:

lesen | schreiben | sprechen | malen/basteln | rätseln

Was versteckt sich hier?

Lies die Fragen. Ergänze die Antworten.

Lies auf den Seiten 5 bis 11 nach.

1. Was wirft Hugo auf das Bett?

Hugo wirft seinen ______________ aufs Bett.

2. Was will Hugo erledigen, bevor er zum Fußball geht?

Hugo will die ______________ erledigen.

3. Was hört Hugo immer wieder in seinem Zimmer?

Hugo hört ein ______________.

4. Was entdeckt Hugo schließlich an der Wand?

Er entdeckt eine ______________ an der Wand.

Male die Felder mit den Wörtern von oben an. Was versteckt sich hier?

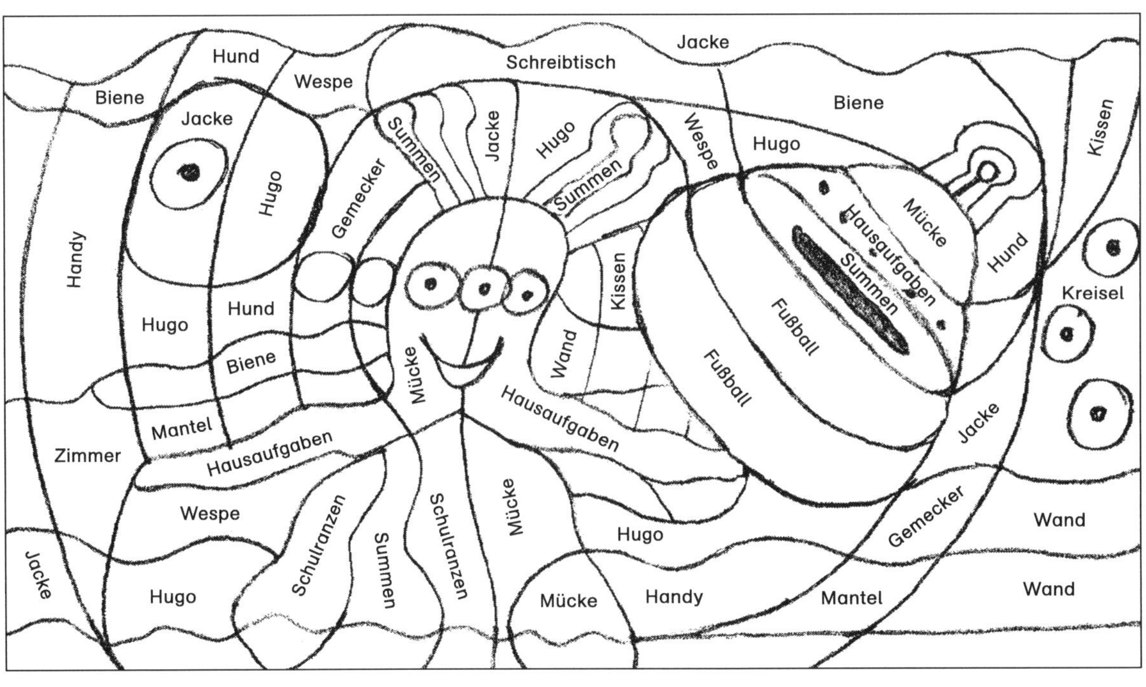

Name:

lesen schreiben sprechen **malen/basteln** rätseln

Eine Mücke!

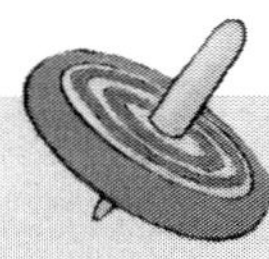

Kreuze an, was stimmt.

1. Was ist der leckere Saft, den die Mücke will?

- [ ] Orangensaft
- [ ] Kaffee
- [ ] Hugos Blut

2. Die Mücke denkt, sie habe ein „leichtes Spiel“. Was meint sie damit?

- [ ] Es wird leicht sein, Hugo zu stechen.
- [ ] Sie gewinnt das Fußballspiel.
- [ ] Hugo zu erschrecken wird einfach werden.

Schneide die Kästchen unten aus und klebe sie richtig ein.

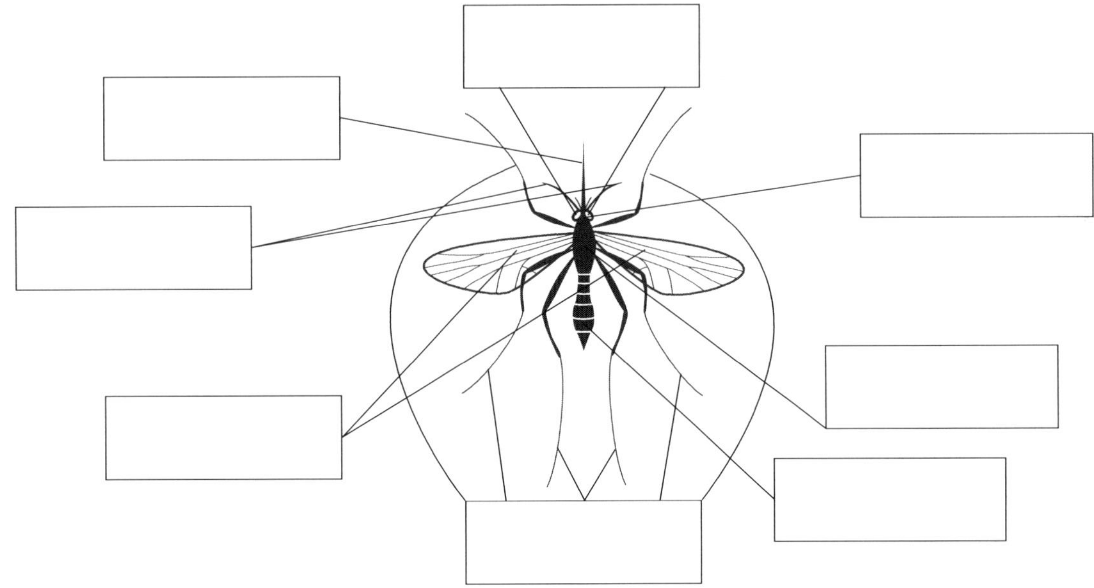

Womit saugt die Mücke das Blut? Rahme das Wort rot ein.

✂

sechs Beine	Stechrüssel	Kopf	zwei Fühler
Hinterleib	zwei Augen	Brust	Flügelpaar

Name:

lesen schreiben sprechen **malen/basteln** rätseln

Ganz besondere Augen

Die Mücke ist viel zu schnell für Hugo. Das liegt auch an ihren besonderen Augen.

Lies den Text.

Die Augen der Mücke
bestehen aus vielen einzelnen Augen.
Deswegen heißen sie auch Facettenaugen.
Sie stehen dicht an dicht und sind sechseckig.
Jedes kleine Auge
ähnelt also einer Bienenwabe.
Weil die Augen seitlich am Kopf sitzen,
kann die Mücke gleichzeitig
in alle Richtungen schauen.
Deshalb kann sie blitzschnell reagieren.

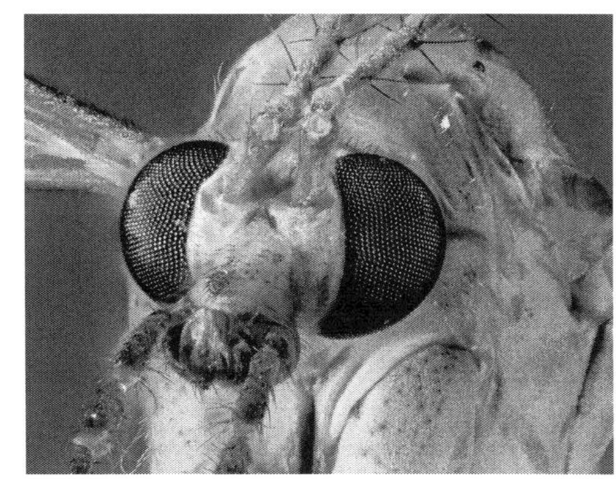

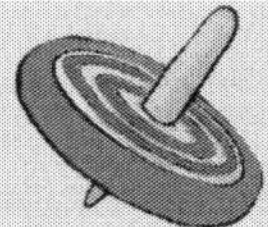

Welche Form haben die einzelnen Augen, die Facetten?
Unterstreiche das Wort oben im Text. Male die passende Form an.

 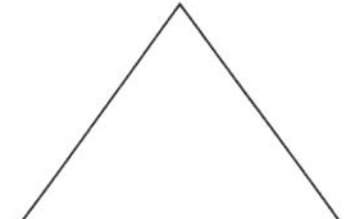 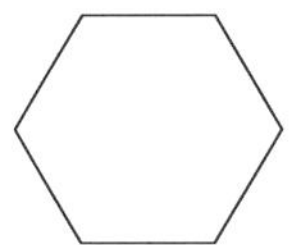

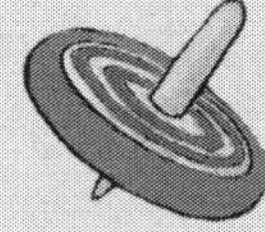

So sehen die einzelnen Augen der Mücke unter der Lupe aus.
Male das Muster weiter. Die Punkte helfen dir.

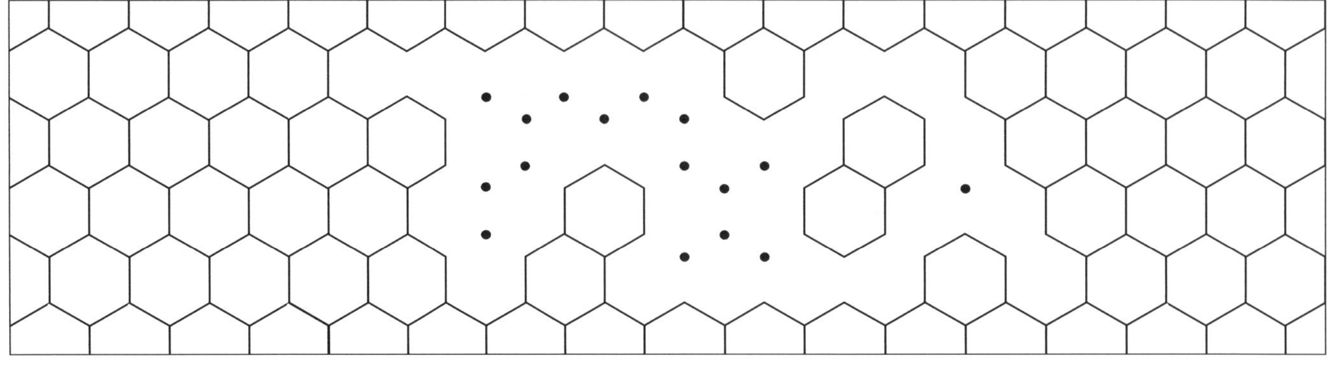

Name:

lesen schreiben sprechen malen / basteln rätseln

Insekten

Die Mücke ist ein Insekt.

Lies die Merkmale, an denen man Insekten erkennt.

Fühler

Facettenaugen

sechs Beine

dreigeteilter Körper: Kopf, Brust, Hinterleib

Schau dir die Bilder an. Male nur die Insekten an und kreise sie ein.

Kennst du weitere Insekten? Schreibe auf.

Name:

lesen schreiben sprechen malen/basteln rätseln

Aua, das tut weh!

Hugo hat sich geschnitten. Er bindet schnell ein Taschentuch um die Wunde. Aber wie geht es richtig?

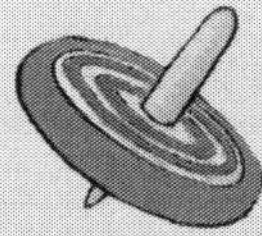

Was braucht man, um Wunden zu versorgen? Verbinde die passenden Begriffe mit dem Koffer.

Pflaster •

Haartrockner •

Rauchmelder •

Handschuhe •

Desinfektionsmittel •

Wundsalbe •

Zahnbürste •

Verband •

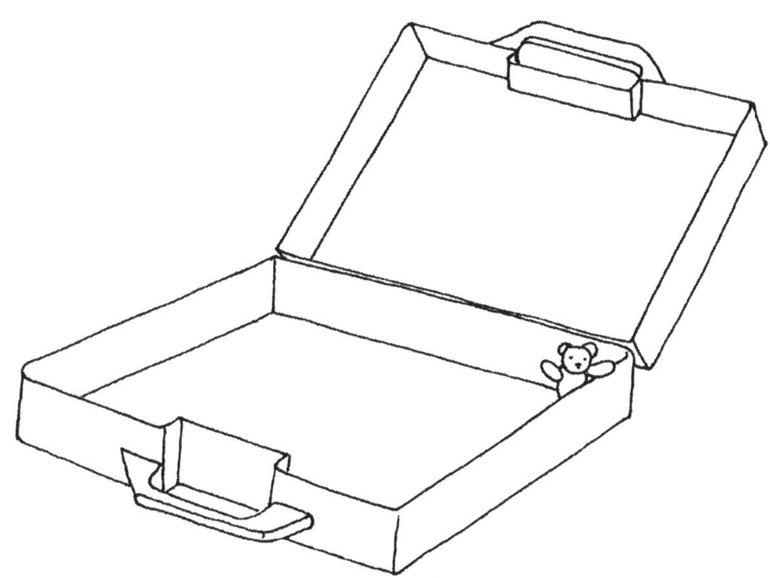

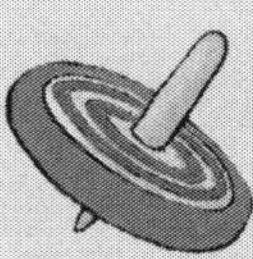

Wunden müssen sauber sein. Was musst du also tun, wenn du sie versorgst? Trenne die Wörter durch Striche voneinander. Schreibe die Sätze dann auf.

Achte auf die Groß- und Kleinschreibung und den Punkt am Satzende.

I C H W A S C H E M I R G R Ü N D L I C H D I E H Ä N D E

I C H T R A G E H A N D S C H U H E

Name:

lesen schreiben sprechen malen/basteln rätseln

So viele Sachen (B)

Von Hugos Schreibtisch purzeln die unterschiedlichsten Dinge.

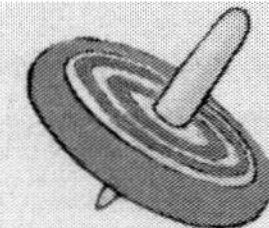

Lies auf Seite 32 nach und trage die Dinge in die passende Spalte ein. Ergänze jeweils den Artikel: der, die oder das.

Einzahl (Singular)	Mehrzahl (Plural)
	die Buntstifte
der Bernstein	

Fülle nun auch die leeren Felder in der Tabelle aus.

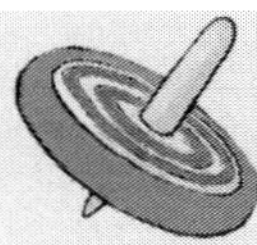

Kennst du all die Dinge, die auf Hugos Schreibtisch liegen? Sprecht darüber.

Name:

lesen **schreiben** sprechen malen/basteln rätseln

Auf großer Jagd (A)

Die Mücke lässt sich nicht aus der Ruhe bringen.

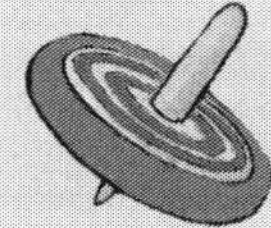

Lies die Gedanken der Mücke auf den Seiten 15 bis 29. Trage die fehlenden Wörter ein.

Schreibe in Großbuchstaben.

Seite 15: Lass mich doch einfach etwas von deinem [ ] [3] [ ] [ ] trinken.

Dann bin ich [ ] [ ] [ ] [ ] [ ] [ ] [ ] [ ] [6].

Seite 17: Du [ ] [ ] [4] [ ] doch ein Netter.

Lässt mich dein süßes Blut [ ] [ ] [ ] [ ] [ ] [2] [ ].

Seite 22: Diese leckere [ ] [ ] [ ] [ ] [ ] [5] [ ] [ ]

lasse ich mir nicht entgehen.

Seite 29: Nun sei mal [ ] [ ] [ ] [ ] [1],

ich hab's gleich!

Trage die Buchstaben aus den grauen Kästchen ein. So erfährst du, wie Stechmücken in Österreich genannt werden.

Lösungswort: [1] [2] [3] [4] [5] [6]

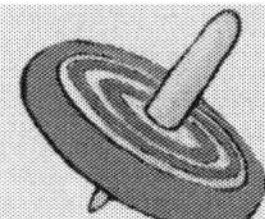

Was meint die Mücke mit: „Ich hab's gleich"? Kreise die passende Mücke ein.

 Die Mücke meint, dass sie es schafft, Hugo zu stechen.

 Die Mücke meint, dass sie gleich mit Hugos Hausaufgaben fertig ist.

Name:

lesen schreiben sprechen **malen / basteln** rätseln

Auf großer Jagd (B)

Während die Mücke ganz ruhig bleibt, stürzt Hugo sein Zimmer ins Chaos.

Schneide die Satzstreifen aus und lege sie in die richtige Reihenfolge. Wenn du die Flugbahn der Mücke erkennen kannst, stimmt alles. Dann kannst du die Streifen auf ein Blatt kleben.

✂

Beim nächsten Angriff fällt das Kissen in die Kreiselsammlung.	
Hugo will die Mücke neben dem Vorhang treffen, erwischt aber nur das Bild mit dem Monster-Alien.	
Die Mücke freut sich über Hugos Arm als Landebahn.	
Hugo schnappt sich das Kissen und trifft damit die Nachttischlampe.	
Hugo stürzt. Er reißt dabei den Vorhang und viele Sachen vom Schreibtisch mit sich hinunter.	
Hugo hebt eine Scherbe auf und verletzt sich am Finger.	
Jetzt klettert Hugo auf den Schreibtischstuhl, um das Bild wieder richtig aufzuhängen.	
Die Kreisel purzeln durcheinander und verteilen sich überall auf dem Boden.	
Die Nachttischlampe geht zu Bruch.	

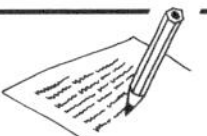

Name:

lesen **schreiben** sprechen malen/basteln rätseln

Hugo ist wütend

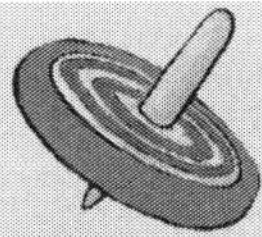

An welchen Sätzen aus dem Buch erkennst du, dass Hugo wütend ist? Unterstreiche sie rot.

Hugo hat entdeckt, woher das Summen kommt.

„Gleich hab ich dich", sagt Hugo zu der Mücke.

„Wo ist die verflixte Mücke?", ruft er und stampft mit dem Fuß auf.

Der Junge wird ja ganz rot im Gesicht.

So sieht Mama die Unordnung wenigstens nicht.

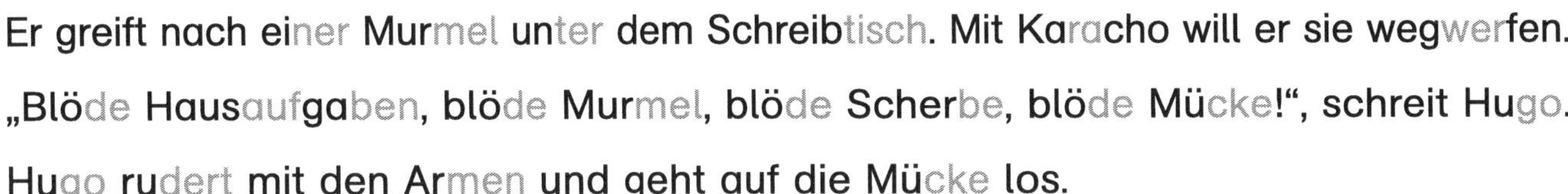

Er greift nach einer Murmel unter dem Schreibtisch. Mit Karacho will er sie wegwerfen.

„Blöde Hausaufgaben, blöde Murmel, blöde Scherbe, blöde Mücke!", schreit Hugo.

Hugo rudert mit den Armen und geht auf die Mücke los.

Was tust du, wenn du wütend bist? Schreibe auf.

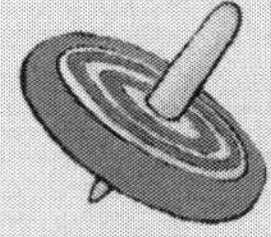

Was hilft dir dann? Schreibe zwei Sätze. Du kannst die folgenden Wörter benutzen.

durchatmen | bis zehn zählen | in ein Kissen boxen | laut schreien

Wutkunst

Wenn ich wütend bin …

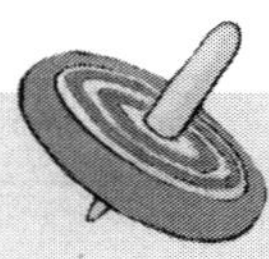

Wie siehst du aus, wenn du wütend bist? Male.

Wutkunst

Meine Wutfarbe

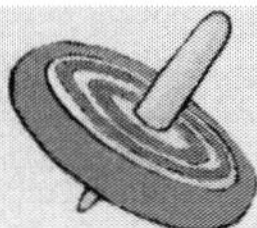

Welche Farbe hat Wut für dich? Male einen farbigen Wutklecks in den Rahmen. Male den Klecks so, dass er möglichst „wütend“ aussieht.

Wutkunst

Meine Wutwörter

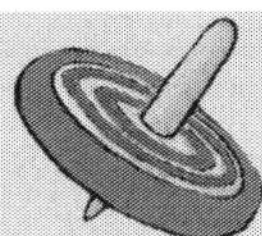

Welche Wörter fallen dir ein, wenn du an Wut denkst? Schreibe vier Wörter auf. Es können Nomen, Verben oder Adjektive sein.

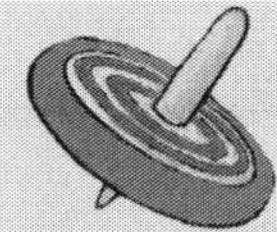

Suche dir das Wort aus, das dir am besten gefällt. Schreibe es so auf, dass es möglichst „wütend“ aussieht.

Wutkunst

Mein Wutgedicht

Ein Elfchen ist ein Gedicht, das aus elf Wörtern besteht. Der Bauplan zeigt dir, in welche Zeile wie viele Wörter gehören.

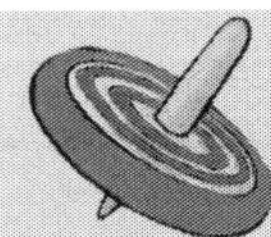

Schreibe ein Wut-Elfchen.
Deine Wutwörter helfen dir dabei.

Elfchen-Bauplan

Ein Wort: ein Nomen oder Adjektiv

Zwei Wörter:
Was macht das Wort aus Vers 1?

Drei Wörter:
Beschreibe Vers 2 genauer.

Vier Wörter: Was fühlst du?

Ein Wort: ein Abschlusswort

Name:

Wo ist bloß diese Mücke? (A)

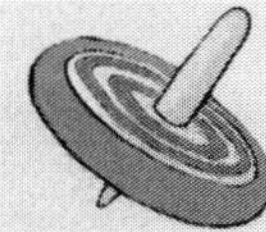

Lies die Sätze. Schneide die Mücken unten aus und klebe sie an die richtigen Stellen.

1. Die Mücke sitzt an der Wand in Hugos Zimmer.
2. Sie sitzt neben seinem Bett.
3. Hugo entdeckt die Mücke in der Zimmerecke, ganz nah am Vorhang.
4. Die Mücke landet auf seinem Chemiebaukasten.

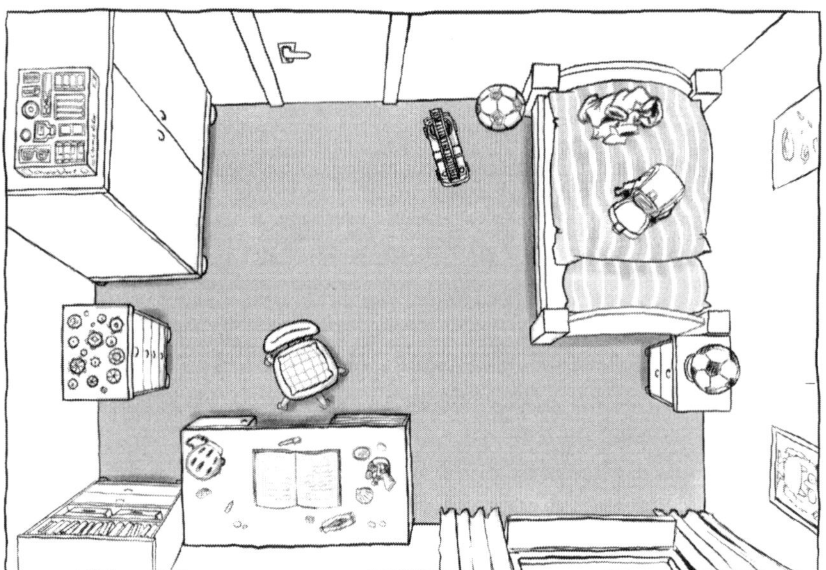

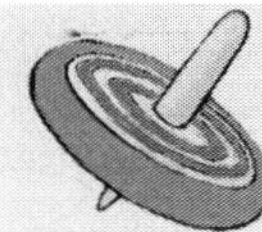

Denke dir zwei weitere Plätze aus, wo die Mücke sitzen könnte. Schreibe passende Sätze und klebe die Mücken entsprechend ins Bild.

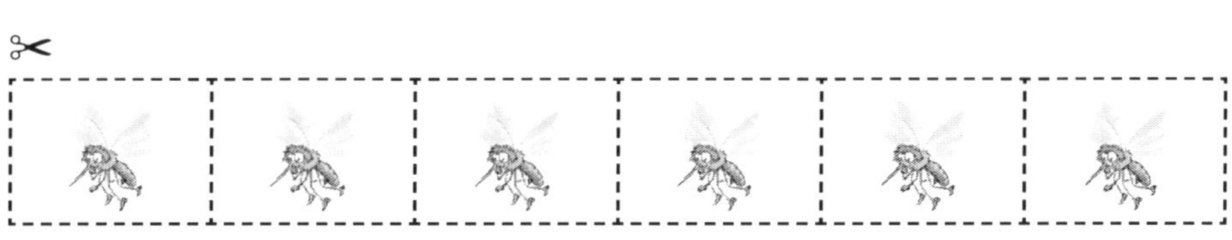

Wo ist bloß diese Mücke? (B)

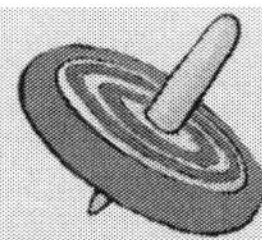

Lies im Buch nach, wo genau die Mücke in Hugos Zimmer im Laufe der Geschichte überall sitzt. Trage die fehlenden Wörter ein.

neben auf an in

1. Seite 10: Die Mücke sitzt ______ der Wand in Hugos Zimmer.
2. Seite 14: Sie sitzt ______ seinem Bett.
3. Seite 23: Hugo entdeckt die Mücke ______ der Zimmerecke, ganz nah am Vorhang.
4. Seite 42: Die Mücke landet ______ seinem Chemiebaukasten.

Schneide die Mücken unten aus und klebe sie an die passenden Stellen.

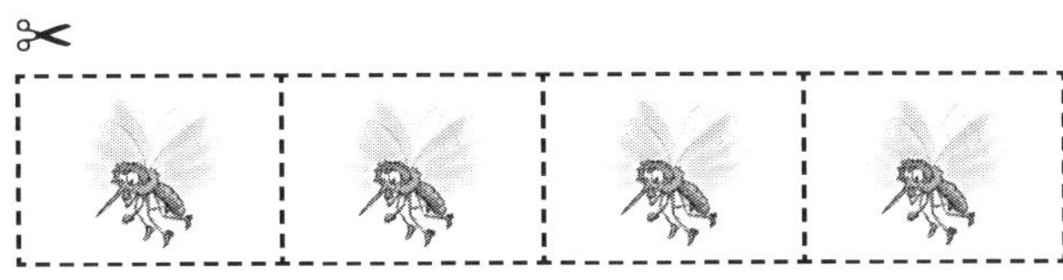

Name:

lesen | schreiben | sprechen | malen/basteln | rätseln

Mein Kinderzimmer

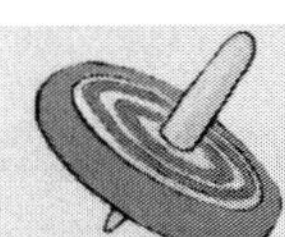

Was hat Hugo alles in seinem Zimmer? Rahme es ein. Streiche durch, was nicht zu finden ist.

ein Bett   einen Blumentopf   eine Kreiselsammlung

einen Chemiebaukasten   eine Ritterburg   eine Spielzeuggarage

einen Schreibtisch   eine Nachttischlampe

Wie sieht dein Zimmer aus? Male in den Rahmen.

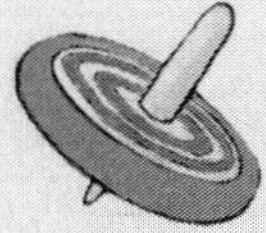

Auf Hugos Schreibtisch liegen viele Dinge. Was liegt auf deinem Schreibtisch? Schreibe auf.

Hugo sammelt Kreisel. Sammelst du auch etwas? Was würdest du gern sammeln? Erzähle.

Name:

lesen **schreiben** sprechen malen / basteln **rätseln**

Klirr! Buff! Knirsch! Bumm!

Bumm! – Hugo hat sich den Kopf gestoßen.

Was macht welches Geräusch? Ordne richtig zu und verbinde.

ticktack •	• Polizeiauto
tatütata •	• Telefon
dong •	• Wanduhr
ring-ring •	• Kirchturmuhr
peng •	• platzender Luftballon

Lies die Geräuschwörter. Unterstreiche sinnvolle Wörter. Was könnte das Geräusch verursacht haben? Ordne zu und schreibe auf.

eine Mücke eine Wasserflasche ein Hüpfball
eine Tröte eine Tür

summ: ____________ flöröfu: ____________

pirilau: ____________ rums: ____________

tröööt: ____________ doing: ____________

zisch: ____________

Du bist wütend und wirfst ein Spielzeug auf den Boden. Schreibe ein passendes Geräuschwort auf.

____

Name:

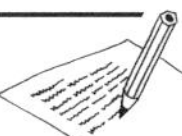

lesen **schreiben** sprechen malen/basteln rätseln

Wer macht was?

Schau dir die Seiten 34 bis 42 genau an und lies auch die Gedanken der Mücke. Wer macht was? Rahme farbig ein: blau = Mücke, rot = Hugo.

Achtung: Zwei Rahmen kannst du keinem von beiden zuordnen.

stampft mit dem Fuß auf

sucht sich ein Versteck

wird ganz rot im Gesicht

summt

schreit

hat Mitleid

blockiert die Tür

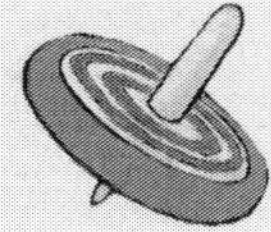

Ordne die Rahmen von oben, die nicht zur Mücke und nicht zu Hugo passen, richtig zu. Schreibe in die Zeilen.

Die Mutter ______________________.

Das Feuerwehrauto ______________________.

Name:

Pläne machen

Hugo hat einen Plan: erst Hausaufgaben, dann Fußball.

Was machst du wann? Suche dir einen Wochentag aus, den du planen möchtest, und schreibe ihn oben in die Tabelle.

Trage ein, wann du was an diesem Tag machen willst. Die Beispiele helfen dir. Ergänze auch eigene Dinge.

aufstehen zu Mittag essen anziehen frühstücken spielen
Hausaufgaben machen Musik hören zur Schule gehen
lesen Zähne putzen ins Bett gehen zu Abend essen

Mein Plan für den nächsten		
morgens:	mittags / nachmittags:	abends:

Was machst du täglich, was wöchentlich, was noch seltener? Notiere.

täglich: ____________________

wöchentlich: ____________________

ab und zu: ____________________

Name:

lesen schreiben sprechen malen/basteln rätseln

Stimmungsbarometer

Hugos Stimmung wandelt sich mehrmals im Laufe des Buches.

Suche dir drei passende Begriffe aus und setze sie in die Lücken ein.

fuchsteufelswild zornig heiter gut gelaunt

frohgemut sauer himmelhochjauchzend schlecht gelaunt

Hugo ist am Anfang ______________________

und wird dann ______________________.

Am Ende ist er wieder ______________________.

Stimmungen lassen sich auch auf einem Barometer darstellen: Je stärker die Gefühle „hochkochen“, desto weiter schlägt der Zeiger nach rechts aus.

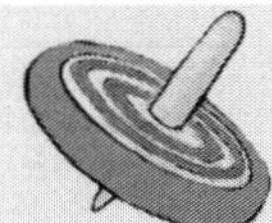

Schneide die Streifen unten aus und klebe sie in der richtigen Reihenfolge unter die drei Barometer. Trage die fehlenden Zeiger ein.

✂

Hugo muss über Mama schmunzeln und erinnert sich an seinen Plan.	Hugo freut sich über seinen Plan.	Hugo erwischt die Mücke nicht. Das macht ihn richtig wütend.

Name:

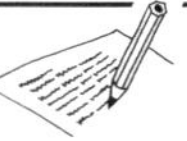

lesen schreiben **sprechen** malen/basteln **rätseln**

Von Mücken und Elefanten (B)

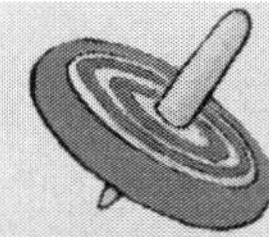

Hugo hat aus einer Mücke einen Elefanten gemacht. Was meint Hugo damit? Kreuze die richtige Antwort an.

- ☐ Hugo meint, dass er aus einem kleinen Problem ein großes gemacht hat.
- ☐ Er meint, dass er die Mücke in einen Elefanten verzaubert hat.
- ☐ Er hat eine Mücke gesehen und an einen Elefanten gedacht.

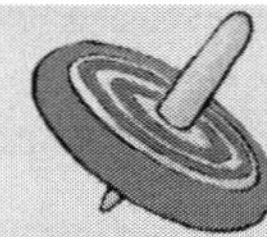

Hast du auch schon einmal aus einer Mücke einen Elefanten gemacht? Erzähle.

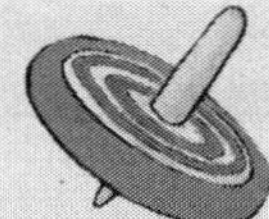

„Aus einer Mücke einen Elefanten machen" ist eine Redewendung. Kennst du die folgenden Redewendungen? Was meinen sie? Verbinde.

wie die Made im Speck leben •	• etwas ist zum Verzweifeln
Schmetterlinge im Bauch haben •	• mit mehr leben, als man braucht
etwas ist zum Mäusemelken •	• jemandem etwas geben, das er nicht zu schätzen weiß
Perlen vor die Säue werfen •	• jemanden anlügen
jemandem einen Bären aufbinden •	• verliebt sein

Mückengedanken

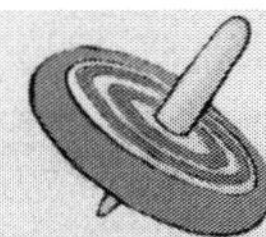

Wie heißen die Blasen, in denen du etwas von der Mücke erfährst? Male die richtige Antwort an.

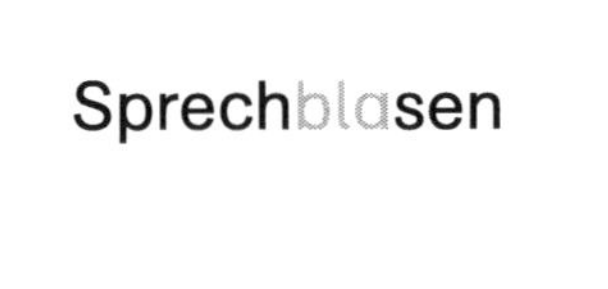

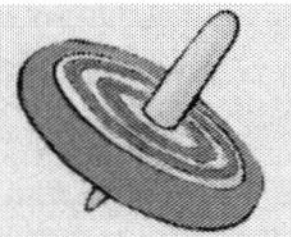

Über welchen Gedanken der Mücke musstest du lachen oder schmunzeln? Schreibe ihn auf.

Was könnte eine Mücke noch denken? Schreibe es in die Denkblase.

Name:

lesen schreiben **sprechen** malen / basteln rätseln

Was stimmt? (A)

Welche Sätze stimmen? Kreise die Mücken ein.

 Hugos Zimmer ist am Ende ordentlich aufgeräumt. **e**

 Hugo hat seine Hausaufgaben noch nicht gemacht. **d**

 Er hat sich von der Mücke ärgern lassen. **n**

 Hugo isst erst einmal eine Tafel Schokolade. **i**

 Er geht ins Schwimmbad. **m**

 Ein Telefonanruf lenkt ihn von seiner Wut ab. **e**

 Hugo nennt die Mücke Willi. **t**

 Die Mücke ist eine Dame. **ü**

 Hugo macht seine Hausaufgaben fertig. **r**

 Hugo beendet die Mückenjagd. **w**

 Die Mücke geht am Ende mit zum Fußballspielen. **k**

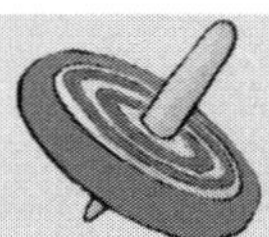

Die Buchstaben hinter den richtigen Sätzen ergeben ein Lösungswort. Lies von unten nach oben. Trage das Wort ein.

Hugo ist nicht mehr | | | | | | |.

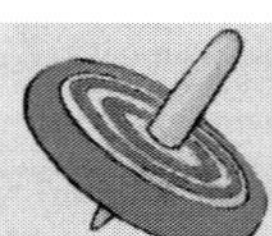

Warum hätte Hugo wissen können, dass die Mücke eine Dame ist? Sprecht darüber.

Name:

lesen **schreiben** sprechen malen/basteln **rätseln**

Wörter finden (B)

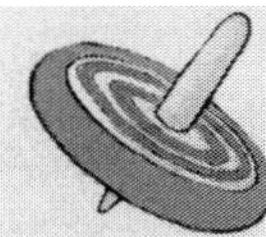

Finde die passenden Wörter im Gitterrätsel. Male sie mit den richtigen Farben an.

hellblau: Wer ruft Hugo an?
gelb: Was wollte Hugo vor dem Fußballspielen machen?
rot: Hugo hat aus einer Mücke einen … gemacht.
orange: Wie nennt Hugo die Mücke?
grau: Das nächste Mal wird er sich von einer kleinen Mücke nicht mehr so … lassen.
hellgrün: Die Mücke ist eine …

B	E	F	S	T	A	O	M	Ü	G	I	I	Ä
M	U	E	L	E	F	A	N	T	E	N	T	R
A	E	E	B	W	I	M	S	C	H	J	K	G
M	P	R	W	Q	F	N	N	G	P	N	I	E
A	V	C	I	Z	E	I	O	W	S	H	G	R
V	R	I	L	L	U	Ü	N	B	R	L	S	N
K	I	N	L	N	P	E	D	D	A	M	E	J
B	T	E	I	I	B	T	N	W	U	O	A	K
J	K	E	S	C	H	N	A	S	K	F	F	E
R	H	A	U	S	A	U	F	G	A	B	E	N
I	O	N	M	T	R	W	L	H	S	P	Ö	A

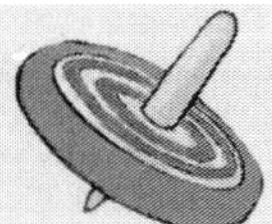

Welche der Wörter im Rätsel sind Nomen? Schreibe sie auf.

Denk daran: Nomen schreibt man groß.

Name:

lesen schreiben sprechen malen/basteln **rätseln**

Witze gegen die Wut

Hugos Mama lenkt ihren Sohn mit einer lustigen Idee von seiner Wut ab. Wenn du das nächste Mal wütend bist, kannst du dir dieses Blatt mit Scherzfragen durchlesen. Aber sortieren solltest du die Texte schon jetzt.

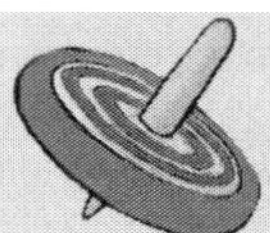

Zu jeder Frage gehört eine passende witzige Antwort. Male immer zwei Rahmen mit der gleichen Farbe an.

Was war das Letzte, was der Luftballon bei seinem Flug durch die Wüste sagte?

Was liegt am Strand und ist schwer zu verstehen?

Warum heißt der Bär „Bär“ und der Tiger „Tiger“?

Was fliegt durch die Luft und riecht nach Bratwurst?

Ein Pinguin, der den Berg herunterrollt.

„Husch, husch, ins Brettchen!“

Eine Nuschel.

„Vorsicht, da ist ein Kaktussssssss…!“

Weil der eine bärtiger ist als der andere.

Eine Bratwurst mit Flügeln.

Was sagt der Holzwurm abends zu seinen Kindern?

Was ist schwarz-weiß-schwarz-weiß-schwarz…?

Name:

lesen schreiben sprechen **malen/basteln** rätseln

Wuti, das Wutmonster

Du brauchst:

- zwei Luftballons
- einen Trichter
- Mehl oder feinen Sand
- einen Stift
- eine Schere
- einen Permanentmarker

So geht's:

1. Blase die Luftballons auf und lass die Luft wieder heraus. Das erleichtert das Befüllen und Überstülpen.
2. Fülle mithilfe des Trichters das Mehl oder den Sand in einen der Luftballons, bis der Ballon die gewünschte Größe hat. Den Stift kannst du zum Stopfen benutzen.
3. Knote den Ballon gut zu.
4. Nimm jetzt den zweiten Luftballon und schneide dort das Mundstück ab.
5. Ziehe diesen zweiten Luftballon so über den befüllten, dass der Knoten gut verdeckt ist.
6. Wenn du willst, kannst du den Rand des nun entstandenen Rüssels etwas umstülpen.
7. Fast ist dein Wuti fertig. Male ihm mit dem Permanentmarker ein Gesicht. Es kann lustig, freundlich, wütend oder ernst sein.
8. Wenn du das nächste Mal wütend bist, kannst du deinen Wuti ganz fest kneten. Falls das nicht hilft, wirf ihn auf den Boden. Keine Angst, es tut ihm bestimmt nicht weh!

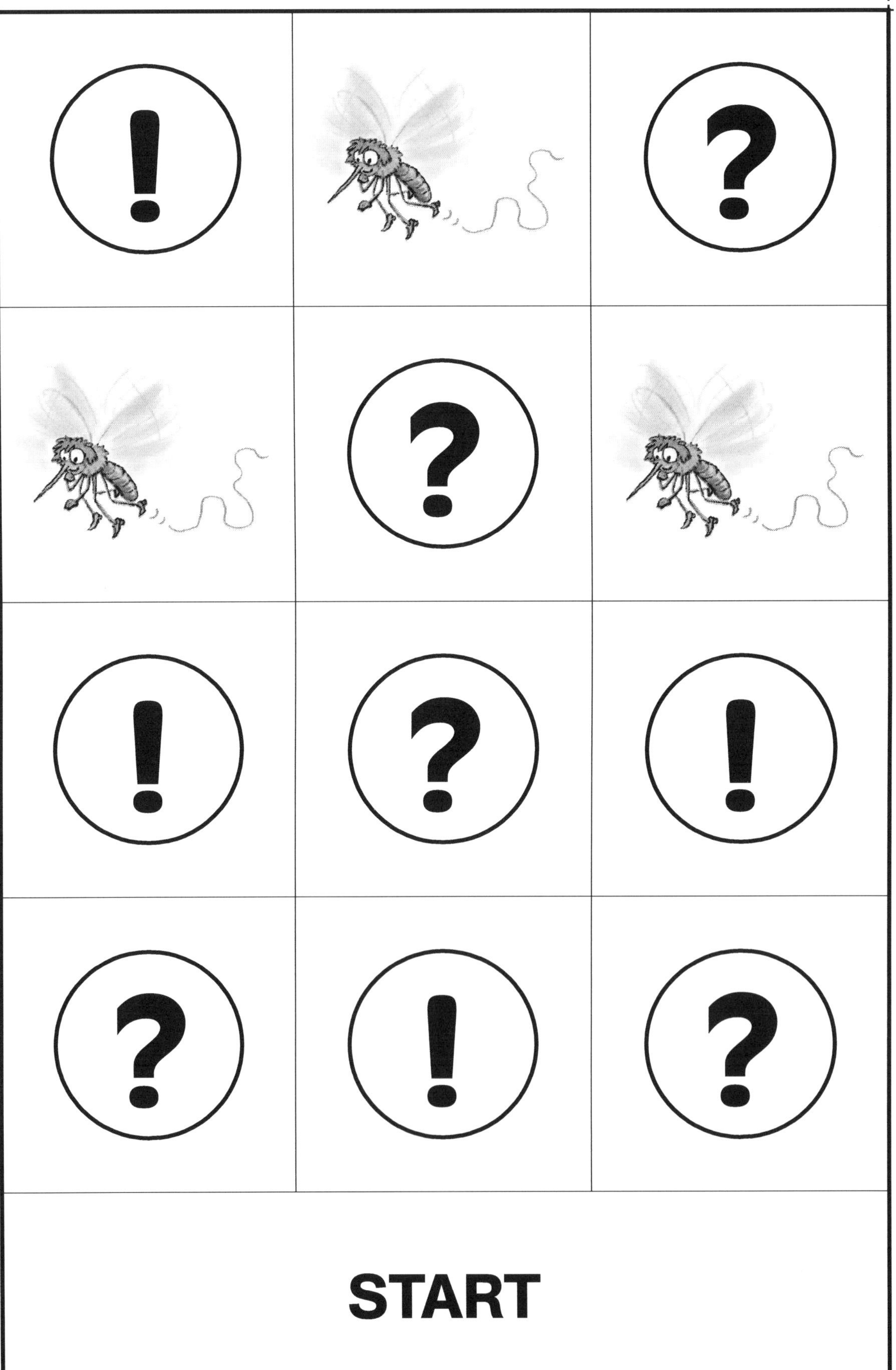
START

Spiel: Mückenjagd – Fragekarten

✂

Was will Hugo noch erledigen, bevor er zum Fußballspielen geht?

Die Hausaufgaben.

Was fliegt in Hugos Zimmer herum?

Eine Mücke.

Womit schlägt Hugo nach der Mücke und trifft die Nachttischlampe?

Mit einem Kissen.

Was will die Mücke von Hugo?

Sie will sein Blut.

Nenne ein Geräuschwort.

z. B. Klirr! Buff! Knirsch! Bumm!

Auf was klettert Hugo, um das Bild geradezuhängen?

Auf den Schreibtischstuhl.

Woran erkennst du, dass Hugo wütend ist?

z. B. Hugo wird rot, stampft mit dem Fuß auf, stammelt, rudert mit den Armen.

Hugo hat aus einer Mücke einen Elefanten gemacht. Was heißt das?

Er hat aus einem kleinen Problem ein großes gemacht.

Was lenkt Hugo von seinem Plan ab?

Die Mücke und seine Wut darüber, dass er sie nicht erwischt.

Nenne drei Dinge, die in Hugos Zimmer kaputtgehen oder durcheinandergeraten.

z. B. Nachttischlampe, Bild, Kreisel, Vorhang

Was hilft Hugo, sich wieder zu beruhigen?

Der unerwartete Anruf seiner Mutter.

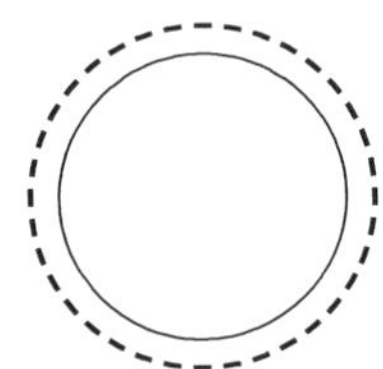

Spiel: Mückenjagd – Aktionskarten

✂

Summe wie eine Mücke.

Nimm dir eine Mücke.

Verjage mit deinen Händen eine unsichtbare Mücke.

Nimm dir eine Mücke.

Lenke dich und die anderen ab, indem du einen kurzen Witz erzählst.

Nimm dir eine Mücke.

Mache vor, was du tust, wenn du wütend bist.

Nimm dir eine Mücke.

Atme tief durch und zähle langsam bis zehn. Mach das auch, wenn du das nächste Mal wütend bist.

Nimm dir eine Mücke.

Du bist die Mücke. Achtung, Hugo ist hinter dir her. Suche dir ein gutes Versteck!

Nimm dir eine Mücke.

Du hast dir den Kopf angestoßen und bleibst benommen sitzen.

Setze einmal aus.

Du hast die Mücke entdeckt.

Schnipse gleich noch einmal.

Du hast dein Beobachtungsglas vor lauter Wut fallen lassen. Eine Mücke konnte entkommen.

Gib eine Mücke an den Spieler ab, der am wenigsten hat.

Du hast bei der Mückenjagd ein Chaos hinterlassen und musst erst einmal aufräumen.

Setze einmal aus.

Was machst du, wenn du das nächste Mal wütend bist? Zeig es den anderen.

Nimm dir eine Mücke.